Charlie Morley

Klarträumen für Anfänger

Charlie Morley

Klarträumen für Anfänger

Gestalte deine Träume – gestalte dein Leben

Aus dem Englischen
von Ursula Bischoff

Kösel

Verlagsgruppe Random House FSC® N001967
Das für dieses Buch verwendete FSC®-zertifizierte
Papier *Classic 95* liefert Stora Enso, Finnland.

Die Originalausgabe erschien unter dem Titel
»Lucid Dreaming. A Beginner's Guide to Becoming
Conscious in Your Dreams« bei Hay House Inc, USA.

Umschlag: Weiss Werkstatt München
Umschlagmotiv: shutterstock / Callahan
Abbildung Seite 139: Polygraph-Abbildung: K. Hearne, 1978, aus »Lucid Dreams – An Electrophysiological and Psychological Study«, Dissertation, University of Liverpool, England, eingereicht im Mai 1978, S. 163
Druck und Bindung: GGP Media GmbH, Pößneck
Printed in Germany
ISBN 978-3-466-34609-7

Weitere Informationen zu diesem Buch und unserem
gesamten lieferbaren Programm finden Sie unter
www.koesel.de

Für meinen Lehrer Akong Rinpoche (1939–2013), einen Mann weniger Worte, der einmal zu mir sagte: »Klarträumen? Ja, am besten lernt man es von Grund auf.«

Inhalt

Klartraumtechniken, Schritt für Schritt

Einführung

Das Ganze begann ein paar Monate vor meinem zwölften Geburtstag, an einem Sonntagnachmittag. Ich langweilte mich wie viele Elfjährige, wenn es draußen regnet, Sonntag ist und man nicht recht weiß, was man mit sich anfangen soll. Ich fing an, die Wochenendausgabe der Tageszeitung durchzublättern, auf der Suche nach der Werbebeilage mit technischen Spielereien aller Art. Sobald ich sie gefunden hatte, entdeckte ich eine ganzseitige Annonce für eine rechnergestützte Schlafmaske namens »NovaDreamer«, die Klarträume herbeizuführen versprach. Nachdem ich gelesen hatte, was es mit dem Klarträumen auf sich hatte, machte es bei mir klick und ich rief: »Papa, ist das cool! Jetzt weiß ich, was ich mir zum Geburtstag wünsche!«

Die NovaDreamer gehörte nicht zu meinen Geburtstagsgeschenken, doch die Saat war ausgebracht und ging ein paar Jahre später auf, als mich das Thema Klarträumen abermals faszinierte und ich beschloss, mich eingehender damit zu beschäftigen.

Der kostenlose Zugang zu luziden Träumen war eines der wichtigsten Verkaufsargumente, das mich als Teenager restlos überzeugte. Man musste sich weder eine teure Ausrüstung anschaffen noch eine Aufnahmeprüfung ablegen oder einem Club beitreten. Die einzigen Voraussetzungen waren Schlaf und Entschlossenheit, mich auf das Experiment einzulassen. Es bot außerdem eine hervorragende Möglichkeit, jede Menge Traum-Sex zu haben, aus damaliger Sicht ein guter Grund, das Klarträumen zu erlernen.

Einige Jahre später, als ich mich für den Tibetischen Buddhismus zu interessieren begann, stieß ich auf das Konzept des Traumyogas. Es beinhaltet eine breit gefächerte Palette von Klarträumen, Techniken zur Förderung des bewussten Schlafens und »außerkörperliche Erfahrungen«, wie es im Westen genannt wird, Praktiken, die auf spirituelles Wachstum und Gedächtnistraining ausgerichtet sind. Im Kontext des Traumyogas geht der Klartraumzustand weit über sexuelle Fantasien hinaus – er stellt einen Weg dar, auch im Schlaf spirituelle Übungen zu absolvieren. Als Neunzehnjähriger schlug mich diese Möglichkeit in ihren Bann.

Sobald sich meine Klartraumpraxis in eine spirituelle Übung verwandelte, gab es kein Halten mehr. Ich verbrachte die nächsten fünf Jahre damit, alles zu lesen, was mir übers Klarträumen und Traumyoga in die Hände geriet. Ich erhielt Unterweisungen über diese Praxis von den wenigen, die sie damals anboten, und nahm an buddhistischen Retreats mit Traumyoga-Experten wie Lama Yeshe Rinpoche teil – der mir schließlich vorschlug, meine Erfahrungen auf diesem Gebiet mit anderen zu teilen. Klarträumen wurde bald zu einem wesentlichen Element meines spirituellen Weges.

Was hat das alles mit *Ihnen* zu tun? Nun, nach über sechs Jahren als Lehrer und fünfzehn Jahren Praxis kann ich mit absoluter Sicherheit bestätigen, woran ich immer geglaubt habe: Klarträumen bietet uns die Chance, unser Leben von Grund auf zu ändern.

Wir verbringen ein Drittel unseres Lebens im Schlaf und können mithilfe luzider Träume beginnen, diesen »Blackout«, der unsere Energie auf null herunterfährt und sich auf insgesamt rund dreißig Jahre beläuft, für unsere psychische und spirituelle Entwicklung zu nutzen. Gibt es eine Methode, die besser auf unsere heutige Welt abgestimmt wäre, in der fortwährend Geschäftigkeit herrscht? Nicht jeder kann die Zeit erübrigen, täglich zu meditieren, doch fast jeder geht abends schlafen und hätte somit Zugang zu Klarträumen – zu Meditationsübungen, die sich im Bett absolvieren lassen. So sieht effektives Zeitmanagement aus!

Doch welche Vorteile bringen uns Klarträume in der Realität? Viele psychische Probleme haben ihren Ursprung in der Tatsache, dass es uns an Selbstkenntnis mangelt. Wir wissen nicht, wie wir wirklich »gestrickt« sind; wir gehen oft unbedacht und unaufmerksam durchs Leben. Durch Klarträume machen wir uns mit unserem wahren Selbst vertraut und werden achtsamer im Schlafen wie im Wachen, in allen Phasen des Tages und der Nacht.

Unser Unterbewusstsein zeichnet sich durch eine Fülle von Weisheiten aus – eine wahre Fundgrube von Informationen über uns selbst und die Welt, in der wir leben. Im Wachzustand können wir nur selten darauf zugreifen, doch sobald wir den Klartraumzustand erreichen, steht uns eine umfangreiche Bibliothek des Wissens zur Verfügung, gespeichert in unserem Traumgedächtnis. Durch Klarträumen erweitern wir unser Bewusstsein *auf der unbewussten Ebene*. Damit eröffnet sich eine Möglichkeit, eine direkte Verbindung zum eigenen göttlichen Potenzial herzustellen und zu erkennen, dass es in Wahrheit grenzenlos ist.

Studien der amerikanischen Harvard University belegen, dass die meisten Menschen während 47 Prozent ihres Lebens unachtsam und nicht im gegenwärtigen Augenblick verhaftet sind.[1] Durch Klarträumen lässt sich diese Statistik beeinflussen, denn luzide Träume führen zu einem luziden Leben. Wir können lernen, auch in unserem Alltag zu »erwachen«, genau wie in unseren Träumen. Wenn wir luzide Achtsamkeit auch nur für ein paar kurze Augenblicke in die nächtliche Schlafparalyse einbringen, haben wir ein so wirkungsmächtiges Dekonditionierungsinstrument zur Hand, dass wir damit unsere Klarsicht und Achtsamkeit auch im Wachzustand erheblich verbessern können. Plötzlich stellen wir fest, dass wir auch in Situationen hellwach sind, die wir sonst wie Schlafwandler erlebt haben.

Wir erkennen negative Projektionen, Zweifel und Trugbilder, die uns einengen. Wir beginnen, unser Schicksal im Traum selber zu gestalten und den Traum in die Realität umzusetzen, indem wir unser gesamtes Potenzial ausschöpfen und der Mensch werden, von dem wir bislang nur zu träumen wagten.

Also, schütteln Sie Ihr Kopfkissen auf, begeben Sie sich zu Bett und machen Sie sich bereit für eine abenteuerliche Reise in das Land der Träume.

Anmerkung des Autors

Wenn Sie mehr über Klarträumen im Kontext des Tibetischen Buddhismus und Achtsamkeitsmeditationen erfahren möchten, empfehle ich Ihnen mein erstes, bei Hay House erschienenes Buch *Dreams of Awakening*. Sollten Sie dagegen nach einem Praxishandbuch des Klarträumens suchen, das Schritt für Schritt über das Wie und Warum informiert, sind Sie bereits fündig geworden!

In meinem ersten Buch habe ich anhand meiner eigenen Träume Möglichkeiten erkundet, Klarträume für spirituelle Erfahrungen zu nutzen; dieses Buch enthält Fallstudien mit unzensierten Traumberichten und Reflexionen von Personen, die an meinen Retreats teilgenommen haben.

Viele Techniken, die in dem vorliegenden Buch beschrieben werden, sind in detaillierterer Form auch in meinem ersten aufgeführt. Hier wurden sie kürzer gefasst, um sie Klartraum-Einsteigern leichter zugänglich zu machen, aber sie enthalten dennoch alles, was Sie brauchen, um im Traum ein vollbewusstes Realitätsgefühl zu erlangen.

Erster Teil

Grundlagen für Einsteiger

Alle Menschen sind auch Traumwesen.
Träumen verbindet die ganze Menschheit.
Jack Kerouac

Eins

Kontrollfreaks, Eisberge und ungeöffnete Post

Was ist Klarträumen? Darunter versteht man die Kunst, sich im Traum der Tatsache bewusst zu werden, dass man träumt. In einem Klartraum oder luziden Traum denkt man, *Aha, ich träume!,* während man schläft. Sobald man merkt, dass man träumt, kann man direkt in das Traumgeschehen eingreifen und es nach eigenen Vorstellungen lenken – ein Tanz mit unserem Unterbewusstsein!

Wer sich für Psychologie, Achtsamkeitsübungen, die menschliche Vorstellungskraft oder die Macht des Unbewussten interessiert, wird Klarträumen als ungeheure Bereicherung empfinden. Es ermöglicht uns den bewussten Zugang zu den tiefsten Tiefen unseres Geistes und bietet uns die Chance, unsere Träume in eigener Regie zu gestalten.

Wie funktioniert Klarträumen?

In einem Klartraum wachen wir nicht auf – ganz im Gegenteil, wir schlafen tief und fest –, aber ein Teil des Gehirns wird reaktiviert (der rechte dorsolaterale präfrontale Kortex, der zum Frontallappen der Großhirnrinde gehört, falls Sie es genau wissen wollen), sodass wir den Traumzustand bewusst und mit selbstreflexiver Aufmerksamkeit wahrnehmen. Sobald wir *im Traum* merken, dass wir träumen, können wir auf den mächtigsten Generator der virtuellen Realität zugreifen: den menschlichen Geist.

Ein umwälzender Aspekt des Klarträumens besteht darin, dass der Schlaf dabei zu einem Vergnügen wird, einem Abenteuer ohnegleichen. Klarträumen konfiguriert unsere Beziehung zu jenem Drittel unseres Lebens, das wir im Bett verbringen, völlig neu. Plötzlich ist der Schlaf keine Zeitverschwendung mehr, wie manche Leute behaupten, sondern ein potenzielles Übungsgelände für unser psycho-spirituelles Wachstum und ein Labor zur Erforschung unseres Innenlebens, das uns auch im Wachzustand luzider und achtsamer macht. Sobald wir im unbewussten Zustand Bewusstheit erlangen, erkennen wir, dass wir grenzenlose, uneingeschränkte, schöpferische Wesen sind, und zwar in einem Maß, wie wir es uns niemals erträumt hätten.

Die meisten Menschen haben irgendwann in ihrem Leben einen luziden Traum, doch wenn wir die Kunst des Klarträumens von Grund auf lernen, können wir dieses verblüffende Phänomen gezielt und nach Lust und Laune in seiner ganzen Tiefe ausloten. Begriffe wie »luzider Traum« oder »Klartraum« sind ein wenig irreführend – »bewusster Traum« wäre zutreffender, denn diese Erfahrung wird durch das vollbewusste Realitätsgefühl im Traum geprägt –, aber sie haben sich eingebürgert und werden hier deshalb alternativ verwendet.

Um das Thema Klarträumen ranken sich indes so viele Missverständnisse, dass es sich lohnt, einen Blick darauf zu werfen, was ein Klartraum *nicht* ist …

- Er ist *kein* Dämmerzustand zwischen halb wach und halb schlafend. Im Klartraum befinden wir uns in der REM-

Phase (Rapid Eye Movement, ein Schlafstadium, das durch schnelle Augenbewegung gekennzeichnet ist), schlafen tief und fest, doch ein Teil unseres Gehirns wird während des Traums reaktiviert, sodass wir das Traumgeschehen mit allen Sinnen erleben.

- Er ist *kein* ungewöhnlich lebhafter Traum – obwohl Klarträume superplastische Erfahrungen in HD-Qualität (noch hochauflösender als Fernsehbilder) beinhalten.
- Er ist *keine* außerkörperliche Erfahrung (auch Astralprojektion genannt). Dieser Punkt ist bei vielen Klarträumern bis heute umstritten, doch aus meiner Sicht finden Klarträume in erster Linie im persönlichen Bewusstseinsstrom unseres materiellen Körpers statt, während wir uns bei außerkörperlichen Erfahrungen über diese Grenzen hinausbewegen.

Der Klartraum *ist* ein Traum, in dem der Träumende weiß, dass er träumt. Ich hoffe, das wäre jetzt geklärt!

Im Klartraum sehen wir uns einem dreidimensionalen Konstrukt unseres Geistes gegenüber. Wir können die Projektionen unserer eigenen Psyche buchstäblich von allen Seiten betrachten – oder aus der Vogelperspektive, wenn wir fliegen – und einen vielschichtigen, engagierten Dialog mit den verschiedenen Verkörperungen dieser verborgenen Persönlichkeitsanteile führen.

Mit einem hohen Maß an luzidem Bewusstsein geht auch ein hohes Maß an geistiger Klarheit einher. Das heißt, wir sind mental imstande, zu erkennen, dass wir im Bett liegen und schlafen. Wir können denken, *Wow, ist das cool, ich kann es kaum erwarten, nach dem Aufwachen allen zu erzählen, was ich erlebt habe!,* und auf unsere Erinnerungen und persönlichen Erfahrungen im Wachzustand zugreifen. Die Handelnden in unseren Träumen sind wir *selbst*, doch dieses Selbst kennt keine Grenzen. Das bedeutet, wir können heilen, meditieren und lernen, können Aktivitäten nachgehen, die im Wachzustand unmöglich wären.

Das ist alles gut und schön, aber noch lange nicht das Beste. Was die meisten Klartraum-Einsteiger überrascht, ist das *Realitätsgefühl*, das damit verbunden ist. Gesichtssinn, Tastsinn, Geschmackssinn, Gehörsinn und Geruchssinn übermitteln uns die gleichen realen Wahrnehmungen wie im Wachleben, auch wenn es sich in erster Linie um eine Projektion des Geistes handelt. Wenn es Ihnen schwerfällt, sich vorzustellen, wie sich ein Klartraum anfühlt, werfen Sie einen Blick auf die Traumprotokolle in den Fallstudien, die im Buch aufgeführt sind. Der Kampf gegen die Nikotinsucht ist eine gute Ausgangsbasis.

Und was die Skeptiker oder notorischen Neinsager betrifft, kann ich nur darauf hinweisen: Klarträumen ist kein Hirngespinst, sondern seit annähernd vierzig Jahren ein wissenschaftlich hieb- und stichfest belegtes Phänomen. Dass es wirklich existiert, konnte nachgewiesen werden, weil es einzigartige und »klar erkennbare neuronale Korrelate« hat, was im Klartext bedeutet: Es macht sich nicht nur auf der psychischen, sondern auch auf der physischen Ebene bemerkbar.

DER WISSENSCHAFTLICHE ASPEKT

Im Jahre 2009 bestätigten Forscher des neurologischen Zentrums der Frankfurter Universitätsklinik, dass »der Klartraum einen hybriden Bewusstseinszustand mit definierbaren und messbaren Unterschieden zum Wachzustand und zum REM-Traumzustand (Rapid Eye Movement) darstellt.[2] 2012 entdeckte man im Max-Planck-Institut für Psychiatrie in München, dass sich bei Erreichen des Klartraumzustands die Aktivität »in Hirnarealen, die mit der Selbsteinschätzung und Selbstwahrnehmung in Zusammenhang stehen, einschließlich des rechten dorsolateralen präfrontalen Kortex und der Frontopolar-Regionen, binnen Sekunden signifikant erhöht«.[3] Wie gelangte man zu dieser Schlussfolgerung? Wenn man jemanden an Geräte zur Messung der elektrischen Aktivität des Gehirns, wie das EEG, anschließt oder physiologische Vorgänge durch bildgebende Verfahren wie die funktionelle Magnetresonanztomographie (fMRI) sichtbar macht (eine Art Scanner, der aktivierte Hirnareale mit hoher räumlicher Auflösung darstellt) und die Versuchspersonen in der Traumphase beobachtet, sieht man, dass Hirnstamm und Hinterhauptslappen hochgradig aktiv werden, während der vordere Teil des Gehirns, der präfrontale Kortex, beinahe gänzlich inaktiv ist.

Wissenschaftler sind überzeugt, dass Persönlichkeitszentren[4] und Selbstgefühl in Bereichen des präfrontalen Kortex' verortet sind;[5] da diese Bereiche während des Traumes »offline«[6] sind, akzeptieren wir ohne Wenn und Aber, dass wir beispielsweise über ein Weltreich wie das alte Ägypten herrschen. Allerdings nur bis wir aufwachen, denn dann geht der präfrontale Kortex wieder »online« und macht uns klar, dass unser Leben als Kleopatra nur ein Traum war.

Im Klartraum tritt ein anders gearteter Prozess in Kraft. Wenn uns bewusst wird, dass wir träumen, schalten sich bestimmte Areale im präfrontalen Kortex wieder ein und wir denken, *Moment mal, ich bin Kleopatra? ... Das muss ein Traum sein!* Oder, in der poetischen Formulierung des Meditationsexperten Rob Naim: »Sobald wir erkennen, dass die vermeintliche Realität in Wirklichkeit ein Traum ist, findet ein unmittelbarer, grundlegender Bewusstseinswandel statt. Und damit enthüllt sich uns das Labyrinth der Psyche.«[7]

Eine weit verbreitete Erfahrung beim Klarträumen ist die Entdeckung einer sogenannten Traumanomalie und die damit verbundene Erkenntnis, dass es sich um einen Traum handeln muss. Wie das vonstattengeht? Wir befinden uns mitten im Traumgeschehen, als plötzlich ein bizarres Merkmal unsere Aufmerksamkeit weckt und wir denken, *Nanu … was ist denn das? Im realen Leben ist so etwas nicht möglich, also muss es ein Traum sein!*

Bei vielen Klartraum-Einsteigern löst dieser Gedanke einen gewaltigen Adrenalinschub aus, und schon schrecken sie im Bett hoch, schlagartig wach und mit klopfendem Herzen, innerlich vor Aufregung zitternd, weil sie den ersten luziden Traum ihres Lebens hatten. Doch mit ein wenig mehr Übung können wir so lange in unserem Klartraum bleiben, wie wir möchten. Wie das geht, erfahren Sie an späterer Stelle.

KAUM ZU GLAUBEN, ABER WAHR

Wenn Sie das Gefühl haben, seit ungefähr fünf Minuten einen Klartraum zu erleben, liegen Sie mit Ihrer Einschätzung vermutlich richtig. Studien belegen, dass unser Zeitgefühl im Klartraumzustand ähnlich ausgeprägt ist wie im Wachzustand.[8] Wie das? Im luziden Zustand bewahren wir uns weitgehend die Fähigkeit, die Zeit einzuschätzen. Stellen Sie sich vor, Sie hätten die Möglichkeit, eine ganze Stunde (die Dauer Ihrer längsten Traumperiode) die Vorgänge in Ihrem Gehirn zu erforschen.

Machen Klarträume müde?

Nein – Fakt ist, dass die meisten Menschen sich danach frischer fühlen als nach gewöhnlichen, nicht-luziden Träumen. Klarträume sind fast ausschließlich auf die REM-Phase beschränkt, kein wirklich erholsamer Schlafzustand. Die ursprüngliche Bezeichnung lautete »paradoxer Schlaf« – paradox deshalb, weil unser Gehirn während des Traums oftmals aktiver ist als im Wachzustand.

Jede Schlafphase dient einem bestimmten Zweck. Das Non-REM-Stadium und andere Tiefschlafphasen, die den Großteil des Schlafs ausmachen, haben vor allem die Aufgabe, den Organismus zu regenerieren und das Gehirn zu »reinigen«,[9] das heißt vom Ballast des Tages zu befreien, während die REM-Traumphasen der Rekonsolidierung des Gedächtnisses und der Integration psychischer Prozesse dienen.

Bei nicht-luziden Träumen geschieht das natürlich automatisch, doch wie man feststellen konnte, produziert das Gehirn in Klarträumen bisweilen hochfrequente Gammastrahlen, die man mit intensiver Meditation,[10] Hypnose und psychischem Wachstum in Verbindung bringt. Das könnte bedeuten, dass der luzide Zustand in der REM-Traumphase weit mehr Vorteile birgt als gemeinhin angenommen.

Außerdem sind Klarträume meistens so spannend, dass man am nächsten Morgen nicht müde und abgeschlagen ist, sondern den Tag vielmehr mit Elan und dem Gefühl des Erfolgs beginnt.

Realer als real

Wie bereits erwähnt, ist das Seltsame an Klarträumen, dass sie uns oft überhaupt nicht wie ein Traum vorkommen. Vollbewusste luzide Träume können so ganz und gar realistisch erscheinen, dass viele Leute das Gefühl haben, in eine andere Dimension der Wirklichkeit hineinversetzt zu sein. Sie täuschen sich nicht, doch die Dimension befindet sich nicht irgendwo im Weltall, sondern im Inneren des menschlichen Geistes, einem Universum ganz eigener Art.

Klarträume zeichnen sich durch ihre außergewöhnliche Detailgenauigkeit aus. Wenn Sie in diesem Zustand die Hand auf Ihr Herz legen, spüren Sie, wie es schlägt, obwohl Herz und Hand lediglich aus dem Stoff bestehen, aus dem Träume gemacht sind. Ein Klartraum kann sich realer anfühlen als das reale Leben, und diese Hyperrealität lässt sich darauf zurückführen, dass die Sinneswahrnehmungen nicht auf die Grenzen unserer physischen Sinnesorgane beschränkt sind. Mein Sehvermögen z. B. war früher, im realen Leben, ziemlich schlecht,[11] doch im Klartraum immer tadellos. Das liegt daran, dass ich die Welt in meinen Klarträumen nicht mit den Augen, sondern mit dem Geist wahrnahm.

Es mag den *Anschein* haben, als wäre die luzide Traumwelt der Wachwelt ähnlich, doch in Wirklichkeit gelten hier andere Regeln. Im Klartraum ist alles möglich: Wir können fliegen, teleportieren, telepathisch mit Traumfiguren kommunizieren und den Verlauf des Traumgeschehens durch unseren Willen und unsere Erwartungen steuern. Der Klartraum ist ein ungeheuer verschachteltes und so real wirkendes mentales Gebilde, dass Zweifel aufkommen, ob die Wachwelt wirklich das ist, was sie zu sein scheint.

Laufen Klarträumer Gefahr, den Kontakt zur Wirklichkeit

zu verlieren? Ganz im Gegenteil. Sobald wir die halluzinatorische Realität der Traumlandschaft durchschauen und sie als Trugbild oder Illusion einordnen, sind wir besser gerüstet, Sinnestäuschungen auch im Wachzustand als solche zu erkennen. Dadurch werden wir mental gefestigter und selbstbewusster.

KAUM ZU GLAUBEN, ABER WAHR

Eine Probandin der Traumforscherin Jayne Gackenbach nutzte ihre Klarträume zur Gewichtsreduktion. Sie berichtete, dass sie tagsüber auf fettreiche Nahrungsmittel verzichtete, weil sie wusste, dass sie in ihren Träumen essen konnte, was sie wollte. Möglicherweise ist der Verzehr fettreicher Produkte in Klarträumen so realistisch, dass das Gehirn Sättigungssignale an den Magen sendet: »Nein danke, kein Bedarf.« Wie schön, wenn man kein Magenband braucht, um abzunehmen, sondern im hypnotischen Zustand essen darf, was das Herz begehrt.

Der Versuch zu erklären, wie sich der Klartraum *anfühlt*, gleicht dem Versuch, den Geschmack von Schokolade zu beschreiben. Ich kann jedes Adjektiv unter der Sonne benutzen, und Sie wissen trotzdem nicht *wirklich*, wie Schokolade schmeckt, ehe Sie selbst ein Stück probiert haben. Das gilt auch für Klarträume. Dieses Buch möchte Ihnen den Geschmack von Schokolade nahebringen. Viele Leute, die zum ersten Mal etwas über Klarträume lesen, beginnen den Kakao zu riechen, erinnern sich, dass sie auch schon einmal einen Klartraum hatten, und erkennen, dass auch sie in den Besitz einer VIP-Eintrittskarte für den Besuch der Schokoladenfabrik gelangen können.

Den Traum kontrollieren

Im luziden Zustand können wir *wählen*, was wir träumen wollen. Die Skala reicht vom Surfen über Meditieren bis hin zur Begegnung mit einer Verkörperung unseres höheren Selbst, doch viele Klartraumnovizen beschließen, zu fliegen. Sie werden sich im Traum der Tatsache bewusst, dass sie träumen, bestätigen ihre Intention, und schon heben sie zu einem Rundflug über die Traumlandschaft ab, wobei sie nach eigenem Gutdünken über die Geschwindigkeit und Flugrichtung entscheiden. Das Ausmaß der subjektiven Einflussnahme kann zu der Überzeugung führen, dass sie den gesamten Traum kontrollieren, doch das ist ein Trugschluss.

In seinem Buch *Lucid Dreaming: Gateway to the Inner Self* erklärt Klartraum-Experte Robert Waggoner: »Kein Seemann hat das Meer unter Kontrolle. Und kein Klarträumer hat den Traum unter Kontrolle.« Daran ist nicht zu rütteln, denn ein Seemann, der sich einbildet, die ungezähmte Kraft der Natur beherrschen zu können, würde an maßloser Selbstüberschätzung leiden, und das gilt auch für unsere Träume.

Wenn wir glauben, wir wären in der Lage, die ungezähmte Kraft des Unbewussten zu bändigen oder zu bezwingen, würden wir unserem Papiertiger-Ego (das uns in unsere luziden Träume begleitet) eine maßlos übertriebene Bedeutung beimessen. Der unbewusste träumende Geist ist viel stärker als das Ich-Bewusstsein. Luzide Träumende, die glauben, den Traum kontrollieren zu können, unterschätzen das Phänomen, dem sie sich gegenübersehen, völlig.

Kontrolle zielt oft darauf ab, zu unterwerfen, zu dominieren und zu unterdrücken. Wir sollten also nicht nach Kontrolle streben, sondern vielmehr danach trachten, den Traum choreografisch zu gestalten, zu beeinflussen und zu lenken. Ich weiß, dass es sich in erster Linie um eine Frage der Semantik handelt, doch Worte haben eine nachhaltige Wirkung auf das Unterbewusstsein; deshalb gilt es, bei der Wahl unserer Worte achtsam zu sein. Wir sollten uns bemühen, unser Unterbewusstsein als Verbündeten zu gewinnen, statt es uns zum Feind zu machen. Versuchen Sie also gar nicht erst, die Kontrolle über Ihr Traumbewusstsein zu erlangen, bemühen Sie sich vielmehr, sich mit ihm anzufreunden, weil Sie damit eher Zugriff auf ein Kraftreservoir haben, das Ihr Vorstellungsvermögen weit übersteigt.

KAUM ZU GLAUBEN, ABER WAHR

Allem Anschein nach können Videospiele das Klarträumen fördern (tut mir leid, liebe Eltern!). Traumpsychologen haben berichtet, dass die Benutzer von Videospielen, »die daran gewöhnt sind, ihr Spielumfeld zu gestalten, diese Fähigkeit auch in ihre Träume übertragen können«.[12] Studien belegen, dass sie in der Regel eher Zugang zu luziden Träumen haben und die Traumwelten im luziden Zustand besser beeinflussen können.

Neue Verknüpfungen im Gehirn schaffen

Ein Sprichwort besagt, dass man einem alten Hund keine neuen Tricks mehr beibringen kann. Doch Neurowissenschaftler haben eine Entdeckung gemacht, die Gutes verheißt, die sogenannte neuronale Plastizität; sie stellt die überholte Idee auf den Prüfstand, dass die physische Struktur unseres Gehirns ein für alle Mal festgeschrieben sei, sobald wir das Erwachsenenalter erreicht haben. Der Begriff neuronale Plastizität bezieht sich auf die Fähigkeit von Nervenzellen, Synapsen und ganzen Hirnarealen, sich sehr wohl zu verändern und an neu erlernte oder wiederholte Aktivitäten anzupassen, ein Potenzial, das durch Klarträumen ausgeschöpft wird.

Und wie? Das neurologische System unterscheidet nicht zwischen Erfahrungen im Wach- und im Klartraumzustand; das bedeutet, dass unser Gehirn Aktivitäten im luziden Traum nicht als Produkt der Fantasie, sondern als Realität betrachtet und sich darauf einstellt. Der Klartraum wird so viszeral erlebt, dass unser Gehirn beginnt, seine Funktionen dem Traumgeschehen reaktiv anzupassen. Letztlich hat das zur Folge, dass wir in Klarträumen lernen, unsere Fähigkeiten und Fertigkeiten durch Übung weiterzuentwickeln, und die Strukturen unseres Gehirns damit dauerhaft verändern können.

Aber wie geht das vor sich? Infolge der Aktivierung der präfrontalen Hirnareale, die mit dem vollbewussten Klartraumzustand einhergeht, können wir auf die gesamte Bandbreite der neuronalen Plastizität zugreifen. Im Klartraum sind wir imstande, neuronale Verknüpfungen im Gehirn zu verstärken und neu anzulegen, mit der gleichen Wirksamkeit wie im Wachzustand. Das bedeutet, dass Menschen, die sich in ihren Klarträumen bewusst auf bestimmte Aktivitäten konzentrieren (wie Sport, Kunst oder gute Taten), die damit verbundenen neuronalen Verknüpfungen anlegen und verstärken, sodass es ihnen leichter fällt, diesen Aktivitäten im Wachzustand nachzugehen.

Jedes Mal, wenn Sie in einem Klartraum mutig handeln, verstärken Sie also die neuronalen Verknüpfungen, die auch im Wachzustand mit Mut verbunden sind. Jedes Mal, wenn Sie einem Freund die Hand reichen, untermauern Sie in Ihrem Unterbewusstsein eine Beziehung, die sich auch im Wachzustand fortsetzt.

In nicht-luziden Träumen ist die neuronale Plastizität in geringerem Maß wirksam (also keine Panik wegen des Traums, in dem Sie Ihren Chef erwürgt haben) als im Klartraumzustand, in dem wir völlig frei über unsere Aktivitäten und die damit verbundenen neuronalen Verknüpfungen entscheiden. Die daraus resultierenden Folgen sind gigantisch: Wir sind imstande, unser Gehirn im Schlaf zu verändern.

Der Eisberg der menschlichen Psyche

Sigmund Freud, Begründer der Psychoanalyse und Verfasser des Klassikers *Die Traumdeutung,* hat dazu beigetragen, die Nutzung der Traumarbeit im therapeutischen Zusammenhang salonfähig zu machen. Obwohl viele seiner Ideen inzwischen ziemlich veraltet klingen, ist sein Modell der menschlichen Psyche heute noch genauso relevant wie vor hundert Jahren.

Freuds Theorien führten dazu, dass man sich den menschlichen Geist wie einen Eisberg vorstellte, dessen größter Teil sich bekanntlich unter Wasser befindet. Dieser Vergleich bildete die Grundlage für Freuds Konzept vom bewussten und unbewussten Bereich der menschlichen Psyche, zwischen denen er klar unterschied. Er gelangte zu der Überzeugung, dass der unmittelbar erkennbare Teil der Psyche, die »bewusste Ebene«, in Wirklichkeit viel kleiner ist als die »unbewusste Ebene«, die sich unter der Oberfläche verbirgt.

Viele Leute glauben, dass sich der Mensch auf das reduzieren lässt, was ihm *bewusst* ist: auf seine Gedanken, Gefühle, Überzeugungen und Wahrnehmungen, doch das ist nur ein

Bruchteil seiner wahren Identität. Bedauerlicherweise gehen die meisten von uns wie Schlafwandler durchs Leben, eingeschränkt durch das, was wir an der Oberfläche treiben sehen, ohne etwas von dem darunter befindlichen mentalen Energiezentrum zu ahnen.

Das Unbewusste ist ein Speicher von ungeheurer Kapazität, angefüllt mit Informationen (alles, was wir in unserem bisherigen Leben getan, gesagt, gehört oder gesehen haben), auf die unser Bewusstsein im Wachzustand nur begrenzten Zugriff hat. Anhand des Eisberg-Bildes können wir uns vorstellen, dass nur rund zehn Prozent unserer geistigen Aktivitäten bewusst, wahrnehmbar und unserem rationalen Wachbewusstsein zugänglich sind, während neunzig Prozent unbewusst ablaufen,[13] oft unerkannt und aus einem scheinbar irrationalen Inhalt bestehend – das heißt irrational für unser Wachbewusstsein.

Wie lässt sich diese unbewusste Ebene also am leichtesten erkunden? Mithilfe unserer Träume. Träume werden vor allem durch das Unbewusste geschaffen und gespeist, sodass wir mit der Erforschung unserer Träume gleichzeitig auch diesen Bereich der menschlichen Psyche erforschen. Klarträume führen diese Exploration gleichwohl noch einen Schritt weiter, weil sie uns, wie die Hypnotherapie-Expertin Valerie Austin erklärte, den »direkten Zugriff auf diese Daten aus dem Unbewussten ermöglichen, ohne Überarbeitung durch unser rationales Bewusstsein«.

Unser wahres Potenzial wartet nur darauf, von uns entdeckt zu werden, und wenn wir mit dem Mentaltraining beginnen, beispielsweise mithilfe von Meditationsübungen, Selbsthypnose, Energiearbeit und natürlich Klarträumen, erhalten wir eine ungefähre Vorstellung von der wahren Größe des Eisbergs.

MÖCHTEN SIE DAS THEMA VERTIEFEN?

Wenn die menschliche Psyche einem Eisberg gleicht, stellt sich die Frage: In welchem Ozean treibt er? Und ist es möglich, in unseren Klarträumen in diesen Ozean einzutauchen? Die Antwort lautet »ja«. Sobald wir durch unsere luziden Träume Zugang zu den tieferen Schichten des Eisbergs gewonnen haben, können wir seine äußeren Strukturen erkunden und damit den Kontakt zum überpersönlichen, kollektiven Unbewussten und Ebenen herstellen, die noch darüber hinausgehen (darüber an späterer Stelle mehr).

Mit entsprechender Übung können wir den Eisberg dank der teilweise durchlässigen Membran des Klartraums sogar gänzlich verlassen und das universelle ozeanische Bewusstsein erkunden, in dem er treibt.

Die Post einsammeln

Es heißt, dass unser Unterbewusstsein uns jedes Mal, wenn wir träumen, einen Brief schreibt. Viele von uns machen sich nicht die Mühe, diese Briefe zu öffnen – sie merken nicht einmal, dass sie Post haben –, aber jeder Mensch träumt und erhält daher jede Nacht Briefe aus der Traumwelt. Manchmal enthalten sie lediglich Zusammenfassungen des Tagesgeschehens, doch hin und wieder bieten sie auch umfassende Einsichten in unseren gegenwärtigen mentalen Zustand. Jede Mitteilung ist einzigartig und jede Nacht bringt neue Briefe.

Stellen Sie sich vor, Sie würden einem Freund zeitlebens jede Nacht einen Brief schreiben, obwohl Sie wissen, dass er Ihre Post nicht öffnet, geschweige denn liest. Dennoch geben Sie die Hoffnung nicht auf und setzen die einseitige Korrespondenz unermüdlich fort. Dann merken Sie eines Tages, dass er endlich angefangen hat, Ihre Briefe zu lesen. Was für ein Gefühl wäre das? Vermutlich würden Sie sich freuen, dass die Verbindung endlich zustande gekommen ist, und anfangen, Ihre Briefe noch lebendiger, interessanter und spannender zu gestalten. Genauso verhält es sich mit unseren Träumen.

Aber wie gelingt es uns, Einblick in die Briefe unseres Unterbewusstseins zu gewinnen und zur Kenntnis zu nehmen, was es uns zu übermitteln versucht? Als Erstes müssen wir unsere Post einsammeln, das heißt, wir müssen uns an unsere Träume *erinnern*. Dadurch erhalten wir nicht nur unschätzbar wertvolle Einblicke in den Inhalt und die emotionale »Färbung« unseres Unterbewusstseins, sondern signalisieren auch die Bereitschaft, zuzuhören, was es uns zu sagen hat. Plötzlich rücken die Briefe, die wir jahrelang ignoriert haben, in den Mittelpunkt unserer Aufmerksamkeit. Was für eine Freude! Und das bestärkt wiederum unser Unterbewusstsein in dem Beschluss, uns weitere Briefe zu schreiben, mit Botschaften von tieferer Bedeutung, gespickt mit detaillierten Erkenntnissen, die es mit uns teilen möchte.

Begegnung mit dem Verfasser der Briefe

Eines Tages beschließen Sie, dass Sie Ihre Brieffreundin endlich gern von Angesicht zu Angesicht kennenlernen würden, und deshalb beginnen Sie, Klartraumtechniken zu üben, die Ihnen diese Begegnung ermöglichen. Eines Nachts ist es dann endlich so weit: Sie stellen fest, dass Sie träumen und gleichzeitig hellwach sind. Die Verfasserin der Briefe ist gerade damit beschäftigt, Ihnen zu schreiben, und Sie betreten das Traumszenario.

Stellen Sie sich vor, wie sehr sie sich freut, dass Sie endlich zu ihr gefunden haben. Malen Sie sich das Gespräch aus, das Sie führen. Denken Sie an die Freundschaft, die Sie beginnen können. Genau das geschieht in luziden Träumen: Wir begegnen der Verfasserin der Briefe endlich von Angesicht zu Angesicht. Aber Achtung, sie hat uns schon seit Jahren eine Mitteilung nach der anderen geschickt und wird jetzt, da sie die Chance hat, sich mit uns auszutauschen, keine Zeit mit Smalltalk vergeuden – vermutlich kommt sie umgehend zur Sache. Deshalb sind Klarträume oft ungeheuer intensive, enthüllende Erfahrungen. Wir werden mit Aspekten unserer Psyche konfrontiert, die für den Großteil unseres Lebens im Verborgenen lagen.

Aber eilen wir uns nicht selbst voraus. Bevor Sie sich mit der Verfasserin auf einen Dialog einlassen können, müssen Sie die Briefe erst einmal lesen. Wie? Indem Sie lernen, sich Ihre Träume in Erinnerung zu rufen. Die Traumerinnerung ist nicht nur das Fundament der Beziehung zum Unbewussten, sondern auch das Fundament der Klartraumpraxis. Dieses Fundament errichten wir nun, indem wir die erste Klartraum-Toolbox öffnen und erkunden, wie wir unsere Träume aus dem Gedächtnis abrufen und dokumentieren.

1. Toolbox: Gedächtnistraining

Die Traumerinnerung ist der wichtigste Aspekt des Klartraumtrainings. Einige behaupten, dass man ohne systematischen Zugriff auf das Gedächtnis rein theoretisch jede Nacht klarträumen könnte, ohne es zu erkennen. Obwohl das möglich wäre, ist es viel wahrscheinlicher, dass wir nur deshalb unfähig sind, uns Träume in Erinnerung zu rufen, weil sich nur wenige luzide darunter befinden. Das hat seinen Grund: »Je bewusster wir uns unserer Träume im Wachzustand sind, desto leichter fällt es uns, das Geschehen im *Traumzustand* bewusst zu erleben.«[14]

Träume in Erinnerung rufen und dokumentieren

Die meisten Menschen haben jede Nacht vier oder fünf Traumperioden, aber nicht jeder erinnert sich daran. Der Hauptgrund ist vermutlich, dass wir es nicht ernsthaft *versuchen.*

Am ersten Klartraum-Workshop, den ich durchführte, nahm ein Mann teil, der davon überzeugt war, nicht zu träumen, weil er sich seit Jahren an keinen einzigen Traum erinnern konnte. Ich versuchte ihm zu erklären, dass jeder Mensch träumt, aber davon wollte er nichts hören. Nachdem er sich eine Woche lang fest vorgenommen hatte, sich an seine Träume zu erinnern, gestand er mir jedoch: »Charlie, mir ist klar geworden, dass ich seit 62 Jahren träume, aber mir nie die Mühe gemacht habe, auf den Inhalt zu achten.«

Wenn wir uns also *fest vornehmen,* uns an unsere Träume zu erinnern, und uns bemühen, auf den Inhalt zu achten, können sich die meisten Menschen ihre Träume, zumindest teilweise, nach nur wenigen Nächten problemlos in Erinnerung rufen. Und das geht so:

FÜNF SCHRITTE ZUR VERBESSERUNG DER TRAUMERINNERUNG

1. Nehmen Sie sich fest vor, sich an Ihre Träume zu erinnern. Wiederholen Sie vor dem Zubettgehen und noch beim Einschlafen immer wieder lautlos den Vorsatz: *Heute werde ich mich an meine Träume erinnern. Ich besitze ein ausgezeichnetes Traumgedächtnis.*
2. Um sich an Ihre Träume zu erinnern, versuchen Sie, sich während einer Traumperiode aufzuwecken, sodass der Traum noch frisch im Gedächtnis verhaftet ist. Woher wissen wir, wann die Traumperioden eintreten? Darüber erfahren Sie später mehr, doch so viel sei gesagt: Die letzten beiden Stunden des Schlafzyklus enthalten die längsten Traumperioden.
3. Oft wirken die Erinnerungen an unsere Träume stärker auf der körperlichen als auf der mentalen Ebene nach, deshalb sollten Sie den Körperempfindungen nachspüren, wenn Sie aufwachen. Manchmal beschränkt sich meine Traumerinnerung auf den einfachen Gedanken: *Ich kann mich kaum an den Traum erinnern, aber ich bin mit einem Glücksgefühl im Bauch aufgewacht!*
4. Wenn Sie sich nur an eine einzige Begebenheit oder ein Gefühl aus dem Traum erinnern, können Sie diese Erinnerung als roten Faden benutzen, den Sie Stück für Stück zurückverfolgen, um den Rest des Traumes einsammeln. Sobald Sie aufwachen, stellen Sie sich die Frage: *Wo war ich? Was habe ich getan? Wie habe ich mich gefühlt?*
5. Geben Sie das Vorhaben nicht auf, Ihren Träumen auf die

Spur zu kommen, wenn Sie sich nicht auf Anhieb an den Inhalt erinnern. Oft kehren meine Träume zurück, wenn ich frühstücke und Tee trinke, manchmal sogar erst am Nachmittag, wenn ich müde werde und mein Bewusstsein sich anschickt, in den Traumzustand abzudriften. Gestehen Sie sich genug Zeit und Raum für die Erinnerung zu.

Der wichtigste Schritt der Übung ist der erste: Nehmen Sie sich beim Einschlafen fest vor, sich an Ihre Träume zu erinnern.

Das nächste Hilfsmittel in unserer Toolbox ist ein Traumarbeit-Klassiker: das Traumtagebuch. Ein Traumtagebuch zu führen ist einfach, und so wird es gemacht:

TRAUMTAGEBUCH FÜHREN

- Immer wenn Sie aus einem Traum aufwachen, versuchen Sie sich an so viele Einzelheiten wie möglich zu erinnern und sie aufzuschreiben oder auf andere Weise zu dokumentieren. Sie müssen nicht jede Kleinigkeit notieren – Sie selbst wissen am besten, was Sie sich merken sollten und was nicht.
- Konzentrieren Sie sich auf die Hauptthemen und Gefühle, den Ablauf des Traumgeschehens in groben Zügen und auf alle Eigentümlichkeiten oder Traumanomalien, an die Sie sich erinnern können. Die Aufzeichnungen dienen vor allem dazu, sich mit der Landschaft, der Atmosphäre und dem Territorium, dem Herrschaftsgebiet Ihrer Träume vertraut zu machen (in der zweiten Toolbox erfahren Sie mehr darüber) –, drei Aspekte, die dazu beitragen, Ihre Träume im luziden Zustand als solche zu erkennen.
- Es ist nicht erforderlich, jeden Morgen eine halbe Stunde für die Dokumentation der Träume einzuplanen; Sie wer-

den überrascht sein, wie viel Sie innerhalb von zehn Minuten aufgeschrieben haben. Ich brauche selten mehr als zehn Minuten, wenn ich meine Träume nachts stichwortartig skizziere, aber ich ergänze meine Notizen oft während des Frühstücks.

Viele Leute ziehen es vor, ihre Traumerinnerungen auf dem Tablet PC oder Smartphone zu dokumentieren, andere benutzen Notizblock und Kugelschreiber. Beide Methoden sind in Ordnung.

KAUM ZU GLAUBEN, ABER WAHR

Allem Anschein nach hat eine »reine«, sprich gesunde Lebensweise eine reinigende Wirkung auf die Traumerinnerung. In den Tibetischen Traumyoga-Unterweisungen lautet das Rezept für die Stärkung der Traumerinnerung »Schadstoffe und Verunreinigung vermeiden«. Ich fürchte, ein Big Mac vor dem Zubettgehen ist vom Speiseplan gestrichen. Im sechsten Kapitel finden Sie weitere Informationen über eine traumfördernde Ernährung.

Ein Traumtagebuch ... das klingt nach Arbeit. Muss das sein?

Ja, es muss sein! Am besten, Sie stellen sich von Anfang an darauf ein, denn wenn Sie das Klarträumen von Grund auf erlernen wollen, ist ein Traumtagebuch *unerlässlich.*

Jedes Mal, wenn wir einen Traum aufschreiben, festigen wir die Gewohnheit, ihn als einen Teil unseres Lebens zu betrachten, der es wert ist, dokumentiert zu werden. Sobald wir zu dieser Sichtweise gelangen, fällt es uns leichter, uns den Inhalt der Träume ins Gedächtnis zurückzurufen. Auch wenn Sie sich an keinen einzigen Traum erinnern können, empfehle ich Ihnen, einen entsprechenden Vermerk in Ihrem Tagebuch zu machen. »Ohne Traumerinnerung aufgewacht« ist ein zulässiger Eintrag, weil er uns in der Gewohnheit bestärkt, das Traumtagebuch nach jeder Nacht zu aktualisieren.

Abgesehen davon ist die Traumdokumentation gut für Ihre Psyche! Falls Sie an meinen Worten zweifeln, lassen Sie es sich von Carl Gustav Jung bestätigen, dem Traumpionier und Begründer der analytischen Psychologie, der überzeugt war, dass die heilsame Integration von Inhalten des Unbewussten hauptsächlich im Schlaf erfolgt und dass »Traumerinnerung und Niederschrift diese Integration fördern«.[15]

Und sollten Sie auch Jung nicht glauben, dann vielleicht meiner Mutter. Sie war immer für mich da, doch besonders hilfreich war die Ermutigung, ihr jeden Morgen meine Träume zu erzählen. Sie wusste, dass dieses Ritual gut für mich war, und spornte mich auf diese Weise an, schon in der Kindheit – den prägenden Jahren – eine Art verbales Traumtagebuch zu führen, auch wenn ich diesen Begriff damals noch nicht kannte. Damit errichtete ich ein solides Fundament für die Traumarbeit, das spontane Klarträume ungefähr vom siebten Lebensjahr an förderte.

Ich sollte allerdings erwähnen, dass ich keinesfalls ein Klartraum-Wunderkind war, sondern eher zur Faulheit neigte. Die Klarträume während meiner Kindheit waren vor allem ein Resultat des nächtlichen Bettnässens, weil ich es als Zumutung empfand, aus meinem Traum aufzuwachen und die Toilette zu benutzen. Ich erinnere mich, wie sich das Gefühl der vollen Blase in meinen Traum einschlich und dazu führte, dass ich ihn plötzlich vollbewusst als solchen wahrnahm. Und ich dachte mir im Traum: *Ich habe keine Lust, auf-*

zustehen und zur Toilette zu gehen. Das mache ich jetzt einfach im Traum!

Wie auch immer, genug von mir und meinem »heilsamen« Bettnässen. Warum sollten wir gleich wieder ein Traumtagebuch führen? Weil wir uns durch die Erinnerung an unsere Träume mit dem Territorium des Traumbewusstseins vertraut machen, und je besser wir dieses Territorium kennen, desto eher erkennen wir es wieder, wenn wir uns darin aufhalten und merken, dass wir träumen.

Na gut. Verstanden. Was sollte ich sonst noch wissen?

Notieren Sie Ihre Traumerinnerungen unverzüglich – sogar mitten in der Nacht. Es ist besser, sie umgehend aufzuschreiben, weil am Morgen selbst der erinnerungswürdigste Traum in Vergessenheit geraten könnte.

Ich weiß, morgens um fünf nach dem Traumtagebuch zu suchen, klingt nach Hektik, aber Sie werden mit Sicherheit bald eine Methode für sich entwickeln, die am wenigsten stört. Gleich ob Sie ins Bad gehen, um Ihre Träume dort zu notieren, oder eine Taschenlampe neben dem Bett aufbewahren, um Ihren Partner nicht aufzuwecken, Sie werden einen Weg finden. Ich ziehe es vor, mein iPhone als Traumtagebuch zu benutzen, weil das Display aufleuchtet und ich schneller tippen als schreiben kann. Danach schicke ich mir den Text als E-Mail, die ich sammle und am Monatsende ausdrucke.

MÖCHTEN SIE DAS THEMA VERTIEFEN?

Gedankenlandkarten, auch Mind-Maps genannt, Illustrationen, Spinnennetzdiagramme und andere visuelle Darstellungen lassen sich in Ihr Traumtagebuch einfügen. Wichtig ist in erster Linie, sich an den Traum zu erinnern – *wie* Ihnen das gelingt, ist nebensächlich. Sie können Ihre Träume sogar im Tanz nachvollziehen. Einmal im Jahr leite ich an der School of Movement Medicine (einem bewegungstherapeutischen Zentrum) einen Workshop zum Thema »Tanz und Traum«, in dem wir unsere Träume im Tanz darstellen und die Tanzfläche als Traumtagebuch benutzen.

Noch etwas zum Abschluss: Ich rate davon ab, ein Diktiergerät zu benutzen, es sei denn, Sie haben ein Supergedächtnis. Obwohl es schwierig ist, im Schlaf zu »schreiben«, können wir zweifellos im Schlaf »reden«; wenn Sie also das Diktiergerät einschalten und Ihren Traum schildern, ohne völlig wach zu sein, haben Sie am Ende möglicherweise nur die Einschlafphase dokumentiert.

Das sollte reichen, um Sie anzuspornen, sich Ihre Träume in Erinnerung zu rufen und zu dokumentieren. Diejenigen, die noch eine Stufe höher gehen möchten, sollten den Tipps von Ryan Hurd folgen, Meister der Traumerinnerung und Vorstandsmitglied der International Association for the Study of Dreams, einer weltweit tätigen Organisation, die sich mit Traumforschung befasst:

TIPPS VON PROFIS: EIN TRAUMJOURNAL ERSTELLEN

- Sie sollten das Journal ausschließlich für die Dokumentation Ihrer Träume und nicht für andere Zwecke benutzen – also keine Kochrezepte, Telefonnummern, To-do-Listen oder Notizen, die Sie sich in irgendwelchen Kursen machen. Das Journal sollte einladend wirken. Gleich, ob es sich um ein teures Exemplar mit Ledereinband oder einen einfachen Spiralblock aus dem Supermarkt handelt, wichtig ist, dass Sie es gerne benutzen.

- Wählen Sie einen Stift aus, der den Einträgen in Ihrem Traumjournal vorbehalten ist. Bewahren Sie beides immer zusammen auf.
- Legen Sie das Journal auf den Nachttisch oder in Reichweite, wenn Sie zu Bett gehen. Konzentrieren Sie Ihre Aufmerksamkeit darauf und nehmen Sie sich vor, es zu benutzen.
- Legen Sie eine kleine Lese- oder Taschenlampe griffbereit daneben, falls Sie mitten in der Nacht mit einer Traumerinnerung aufwachen.
- Sie sollten Ihren Partner vorwarnen und sich mit ihm absprechen. Es ist wichtig, dass Sie das Gefühl haben, das Licht jederzeit einschalten zu dürfen.
- Wenn Sie technisch bewandert sind, können Sie auch eine Tagebuch-App auf Ihren Tablet PC oder Ihr Smartphone herunterladen. Ich empfehle Apps wie SHADOW, Dreamboard und DreamCloud.
- Schreiben Sie Ihren Eintrag sofort nach dem Aufwachen, noch vor dem Aufstehen. Falls Sie unter Zeitdruck stehen, können Sie vorab ein paar Schlüsselsätze notieren, die Sie später ergänzen.
- Ich persönlich schreibe in der Gegenwartsform, als würde sich das Traumgeschehen in ebendiesem Augenblick entwickeln.
- Verlieren Sie nicht den Mut. Haben Sie Geduld mit sich selbst; es kann einige Zeit dauern, bis Sie sich Ihre Träume voll in Erinnerung rufen können, aber es wird Ihnen gelingen.

- Lesen Sie die Notizen aus der vorherigen Nacht noch einmal durch, wenn Sie sich zu Bett begeben. Vielleicht stellen Sie dabei fest, dass Sie sich jetzt genauer an den Traum erinnern als während der Niederschrift.

Charlies Toolbox-Checkliste

- Nehmen Sie sich vor dem Einschlafen fest vor, sich an Ihre Träume zu erinnern.
- Dokumentieren Sie Ihre Träume mindestens an fünf von sieben Tagen (jeden Tag wäre natürlich besser, aber das Leben fordert seinen Tribut).
- Verwenden Sie dabei die von Ihnen bevorzugte Methode (Notizblock/digitale Aufzeichnung, grafische Darstellung, Tanz), um Ihre Träume nachzuverfolgen.
- Schreiben Sie Ihre Traumerinnerungen unverzüglich auf.
- Fünf oder zehn Minuten reichen aus, um Ihre Träume nach dem Aufwachen zu notieren.
- Wenn Sie träumen, dass Sie die Toilette benutzen müssen, wecken Sie sich auf!

Zwei
Sex, Sport und psychisches Gepäck

Sexuelle Fantasien sind in Klarträumen gang und gäbe und kein Grund, sich zu schämen. Patricia Garfield, Autorin des Klassikers *Kreativ träumen,* schrieb, dass 75 Prozent ihrer luziden Träume entweder durch einen Orgasmus oder durch sexuelle Aktivitäten verschiedener Art angeregt wurden oder dazu führten. (Klingt fantastisch, aber ich fürchte, da kann ich nicht mithalten, liebe Pat.)

Sexuelle Träume

Für viele Klartraum-Novizen ist Sex nur ein Teil der Reise. Natürlich ist dieser Aspekt ungemein erfreulich, aber ich warne stets davor, ihm allzu großes Gewicht beizumessen, weil er zwar Spaß macht und sich unglaublich realistisch anfühlt, aber süchtig machen kann, wie ich als Teenager nach meinen ersten luziden Träumen feststellen musste.

Mit 17, nach mehreren Monaten Übung, hatte ich regelmäßig luzide Träume und damit Zugriff auf eine unglaubliche virtuelle Realität, in der gesellschaftliche Regeln und Normen keine Gültigkeit besaßen. Da ich die Klartraumpraktiken des Tibetischen Buddhismus, die ich inzwischen anderen Leuten vermittle, damals noch nicht kannte und mich zudem auf dem Höhepunkt meiner wilden Teenagerzeit befand, war der Klartraumzustand für mich kein potenzielles Übungsgelände für »rechtes Handeln«, sondern eine Möglichkeit, nach Lust und Laune Sex zu haben.

KAUM ZU GLAUBEN, ABER WAHR

Laut einer Studie der University of Montreal in Kanada, die sich mit der Erforschung nicht-luzider Träume befasste, beinhalteten annähernd acht Prozent der Traumberichte sexuelle Aktivitäten in irgendeiner Form. Dabei fand man außerdem heraus, dass die weiblichen Probanden doppelt so häufig von Sex mit Prominenten und wechselnden Partnern träumten wie ihre männlichen Pendants.[16]

Ich lernte, die Choreografie meiner Klarträume in eigener Regie zu gestalten, und stimmte sie auf die Erfüllung meiner Wünsche und Bedürfnisse ab. Infolge der wachsenden Fähigkeit, Klarträume zu gestalten, war ich bald imstande, meine sexuellen Partner beliebig in Erscheinung treten zu lassen. Ich ging sogar früh zu Bett, um mich mit meiner »Traumfrau« zu treffen. Traurig, aber wahr.

Das mag nach einem harmlosen Vergnügen klingen, doch aufgrund des Phänomens der neuronalen Plastizität (siehe 1. Kapitel) schuf ich damit starke neuronale Verknüpfungen im Gehirn und entwickelte Gewohnheiten, die man mit unkontrolliertem sexuellem Hedonismus in Verbindung bringt und die auch im Wachzustand aktiviert wurden. Die Probleme waren daher geradezu vorprogrammiert. Ich erkannte jedoch gerade noch rechtzeitig, was für ein Potenzial sich in Klarträumen verbirgt und dass es eine Schande wäre, es nur mit sexuellen Abenteuern zu vergeuden.

Wichtig ist, dass die Übungen Spaß machen. Wenn Sie in

Ihren Klarträumen Sex haben möchten, tun Sie sich keinen Zwang an, aber versuchen Sie, nicht auf der triebgesteuerten Ebene steckenzubleiben. Obwohl ich überzeugt bin, dass jeder Klartraum (ungeachtet dessen, wozu Sie ihn benutzen) eine potenziell positive Erfahrung darstellt, gibt es mit Sicherheit psychisch »heilsamere« Aktivitäten als Sex mit Ihrem Selbst.

KAUM ZU GLAUBEN, ABER WAHR

Während der ersten wissenschaftlichen Experimente auf dem Gebiet der Klarträume rekrutierte die Stanford University einen Studenten mit dem vielsagenden Namen Randy (die englische Bezeichnung für sexversessen, Anm. d. Ü.) als Versuchsperson. Er wurde an ein EEG zur Aufzeichnung der elektrischen Aktivität des Gehirns und, wichtiger noch, an einen Erektometer angeschlossen (der den Grad der sexuellen Erregung anhand von Penisumfang und Penissteifheit misst), bevor er die Aufforderung erhielt, »im Klartraum sexuell aktiv« zu werden. Die Aufzeichnungen wurden von mehreren Angehörigen des Laborteams überwacht.

Eine Nacht im mentalen Fitnesscenter

Keine Zeit für Ihren Lieblingssport? Zu abgekämpft, um sich nach der Arbeit im Fitnesscenter abzustrampeln? Bestrebt, Ihre sportlichen Leistungen zu maximieren? Stellen Sie sich vor, Sie wären in der Lage, im Schlaf zu trainieren und dadurch Ihre Leistungen in der Realität zu verbessern! Das ist tatsächlich möglich, obwohl es wie die Werbeanzeigen für irgendwelche zweifelhaften Programme zur Gewichtsreduktion anmutet. Dank wissenschaftlicher Untersuchungen, die im Verlauf der letzten dreißig Jahre durchgeführt wurden, liegen nun stichhaltige Beweise vor, dass sportliche Aktivitäten im Klartraumzustand zu signifikanten Leistungssteigerungen im Wachzustand führen können.

Wie geht das vonstatten? Die Forschungsergebnisse belegen, dass wir uns bei sportlichen Betätigungen im Klartraum risikofreudiger verhalten, dass wir ohne Angst vor Verletzungen trainieren, mehr Kreativität in unserer Sportart entwickeln[17] und »neue sensomotorische Fähigkeiten« entwickeln. Das Training im Klartraumzustand schafft neue neuronale Verknüpfungen, die in den Wachzustand übertragen werden, weil das neurologische System, wie bereits erwähnt, nicht zwischen Erfahrungen in der Klartraum- und in der Wachwelt unterscheidet.

Aber nutzen Profisportler nicht schon seit Jahrzehnten das Mentaltraining, um die idealen Bewegungsabläufe immer wieder zu visualisieren, bevor sie an den Start gehen? Das ist richtig, aber die Ergebnisse des Klartraumtrainings sind wesentlich besser als bei der mentalen Programmierung. Forschungsergebnisse belegen, dass die Wahrnehmung im Klartraum enger mit der Wahrnehmung im Wachzustand verbunden ist als die Vorstellungskraft.[18] Deshalb sind die Klartraumübungen erheblich wirkungsvoller als das Mentaltraining im Wachzustand.

Für die Wissenschaftler besteht der größte Nachteil der Visualisierung im Wachzustand darin, dass »bei mangelnder Aufmerksamkeit oder unsachgemäßer Durchführung der mentalen Imaginationstechnik die nachfolgenden motorischen Leistungsverbesserungen unterdurchschnittlich bleiben«.[19] Klarträume lösen dieses Problem, weil sie die umfassendste Visualisierung verkörpern und die vollständigste Umsetzung dieser Technik ermöglichen.

DER WISSENSCHAFTLICHE ASPEKT

Wissenschaftler vertreten die Theorie, dass wir unsere Leistungen durch mentale Übungen vor allem deshalb verbessern können, weil die »periphere Aktivierung zusätzlicher motorischer Hirnareale, die bei der Visualisierung eines motorischen Bewegungsablaufs in Kraft tritt, zu kinästhetischen Rückmeldungen der Muskeln führt und die Grundlagen der Lernmechanismen bildet«, obwohl sich diese Muskeln nicht bewegen.

Ich weiß nicht, wie es Ihnen geht, aber ich habe kein Wort verstanden; das nachfolgende Beispiel veranschaulicht, was gemeint ist.

Forscher der Cleveland Clinic Foundation in den USA entdeckten in einer Studie, die sich über einen Zeitraum von zwölf Wochen erstreckte, dass sich die Bizepsstärke ihrer Versuchspersonen, die sich an fünf Tagen pro Woche täglich eine Viertelstunde lang in vollwachem Zustand *bildlich vorstellten,* Gewichte mit den Armen zu stemmen, um durchschnittlich 13,5 Prozent erhöhte, und dieser Zugewinn noch drei Monate nach Beendigung des Mentaltrainingsprogramms gemessen werden konnte.[20] Stellen Sie sich vor, welche Ergebnisse in unseren Klarträumen möglich wären, wenn sich ein solcher Erfolg bereits mit einfachen Visualisierungsübungen erreichen lässt!

An einem der ersten Experimente auf dem Gebiet des Klartraumtrainings, das bereits 1981 stattfand, nahmen sechs Versuchspersonen teil, die nach dem Klartraum-Übungsprogramm für komplexe Sportarten, die sie bereits im Wachzustand beherrschten (wie Skifahren oder Sportgymnastik), den Eindruck hatten, dass sich ihre sportlichen Leistungen verbesserten.[21] 1990 folgte eine Fallstudie, die das Potenzial des Klartraum-Sporttrainings ins Scheinwerferlicht der Öffentlichkeit rückte. Einem Experten auf dem Gebiet der »harten« Spielarten fernöstlicher Kampfkünste (Taekwondo / Kickboxen), der sich zwei Jahre lang vergeblich bemüht hatte, die »sanften« Spielarten zu erlernen (Aikido / Tai Chi), gelang es innerhalb einer einzigen Woche, seine Fähigkeiten durch Klartraumtraining merklich zu verbessern. Die Studie beschreibt, wie er seinen Lehrer »danach mit einer nahezu perfekten Abwehrtechnik in Erstaunen versetzte«.[22]

Ein paar Jahrzehnte später, nach der Veröffentlichung der bahnbrechenden Klartraum-Forschungsergebnisse mithilfe der fMRI-Technologie (Funktionelle Magnetresonanztomografie), flammte das Interesse am Klartraum-Sporttraining erneut auf. Forscher der Heidelberger Universität führten eine Reihe von Studien in erheblich größerem Maßstab durch; eine wertete die Rückmeldungen von mehr als achthundert deutschen Spitzensportlern aus, die gebeten wurden, Klarträume während des Trainings in ihrer jeweiligen Disziplin zu nutzen. Im Abschlussbericht hieß es, dass luzide Träume Sportlern als Trainingsmethode fantastische Möglichkeiten bieten, weil sie eine perfekte Simulation der realen Welt darstellen, aber ohne die Einschränkungen der Realität.[23]

In meinen Augen ist das einer der faszinierendsten Bereiche der heutigen Klartraumforschung – und ein guter Grund für Faulpelze, die zusätzliche Stunde im Bett zu rechtfertigen.

MÖCHTEN SIE DAS THEMA VERTIEFEN?

Stellen Sie sich vor, Sie würden das Klartraumtraining nicht nur nutzen, um Ihre Fähigkeiten auf der sportlichen Ebene zu verbessern, sondern auch Eigenschaften wie Großherzigkeit und Empathie einzuprogrammieren. Wenn es uns gelingt, unsere Leistungen im Tennis oder in den fernöstlichen Kampfkünsten durch Klarträume zu steigern, können wir auf dem gleichen Weg auch lernen, freundlicher, liebevoller und hilfsbereiter zu werden. Gleich ob Sie Bruce Lee oder dem Dalai Lama nacheifern möchten, Sie können in Ihren Träumen damit beginnen.

Das psychische Gepäck auspacken

Klarträume stellen einen Freifahrtschein ins Unbewusste dar. Doch wenn wir in der Traumwelt angekommen sind, werden wir nicht automatisch von dem psychischen Ballast befreit, den wir oft mit uns herumschleppen. Ängste, Gewohnheiten und Vorurteile mögen im Klartraum weniger ausgeprägt sein als im Wachzustand (die meisten Menschen fühlen sich im luziden Zustand optimistischer, mutiger und beschwingter), aber sie sind eindeutig noch vorhanden. Doch im Traumzustand bieten sich gleichwohl einzigartige Chancen, dieses emotionale Gepäck auszupacken, zu akzeptieren und den Heilungsprozess einzuleiten.

Angst vor Spinnen? Die schrittweise Konfrontation mit Spinnen im Klartraum kann auf ähnliche Weise wie eine kognitive Verhaltenstherapie zur Überwindung der Phobie beitragen. Durch luzide Träume, die eine furchtlose Begegnung mit der Ursache der panischen Angst (gleich ob vor Spinnen oder anderen Dingen) ermöglichen – gepaart mit dem Wissen, dass es sich um eine mentale Projektion handelt –, können die Betroffenen die Phobie nach und nach integrieren.

Überall auf der Welt haben Menschen ihre Klarträume benutzt, um verschiedene Aspekte ihres psychischen Gepäcks auszupacken. Ein Mann gewann auf diesem Weg Aufschluss über sein Sexualverhalten – durch die Begegnung mit einer Traumfigur, die ihm eröffnete, sie sei »die physische Manifestation seiner Bindungsangst«. Eine junge Frau, die in ihrer Kindheit sexuell missbraucht worden war, rang sich in ihrem luziden Traum dazu durch, ihrem Peiniger von Angesicht zu Angesicht gegenüberzutreten und ihm zu verzeihen. Dieses Heilungspotenzial gehört zu den größten Vorteilen der Klartraumpraxis.

KAUM ZU GLAUBEN, ABER WAHR

Wenn unser Unterbewusstsein zu der Schlussfolgerung gelangt, dass wir noch nicht bereit sind, ein Thema unbeschadet zu erforschen, lehnt es das Ansinnen rundweg ab. Offensichtlich gibt es hier einen angeborenen, intelligenten Selbstregulierungsmechanismus, der genau weiß, was wir verarbeiten können. Ich habe einmal die kühne Bitte geäußert, den luziden Traum zu verlassen und in den Himmel zu gelangen. Prompt erschien eine Traumfigur mit einem Klemmbrett auf der Bildfläche, auf dem es hieß: »Du willst in den Himmel? Damit musst du noch warten, bis du so weit bist.«

Sie schaffen es

Zwei der schwersten Gepäckstücke, die mit der Klartraumpraxis in Verbindung stehen, sind Angst und Selbstzweifel – die Angst davor, was wir in unserem Unterbewusstsein entdecken könnten, und der Zweifel, ob Klarträume überhaupt möglich oder nur Menschen mit besonderen Befähigungen vorbehalten sind. Das ist Unsinn, Klarträume stehen *jedem* Träumenden offen. Wenn wir schlafen, träumen wir, und wenn wir träumen, können wir auch luzid träumen – egal, ob wir auf einer Parkbank oder im Palast nächtigen, luzide Träume sind allen zugänglich.

Vermutlich hatte jeder, der diese Zeilen liest, schon mehrmals Klarträume, auch wenn er sich nicht daran erinnern kann. Kinder und Jugendliche neigen von Natur aus zu Klarträumen. Sie kommen nicht jede Nacht und auch nicht bei jedem Kind vor, doch für die Mehrzahl sind sie ein Bestandteil der psychischen Entwicklung.

Das populärwissenschaftliche Magazin *New Scientist* ging in einem 2013 erschienenen Artikel der Frage nach, ob die »Neuverdrahtung neuronaler Schaltkreise während der Kindheit und Adoleszenz die erhöhte Hirnaktivität in den Frontalregionen[24] auslösen könnte«, die mit dem luziden Bewusstsein in Verbindung gebracht werden. Die Tatsache, dass Kinder spontan Klarträume haben, lassen zwei wichtige Rückschlüsse zu: Erstens, dass Klarträume eine natürliche, aus eigenem Antrieb erfolgende Aktivität des menschlichen Geistes sind (statt einer fremdgesteuerten Erfahrung, die uns aufgezwungen wird), und zweitens, dass wir das Klarträumen im Grunde bereits beherrschen und uns nur daran *erinnern* müssen, wie es geht.

Denken Sie daran, wie leicht Sie nach langer Pause wieder auf Fähigkeiten zugreifen können, die Sie in Ihrer Kindheit erworben haben, verglichen mit den Schwierigkeiten, denen Sie sich gegenübersehen, wenn Sie im Erwachsenenalter etwas von der Pike auf lernen wollen. Das trifft auch auf die Fähigkeit des Klarträumens zu.

Die Angst überwinden

Einigen Menschen macht allein der Gedanke an Klarträume Angst, eine weit verbreitete, aber unnötige Reaktion auf das Unbekannte. Nach meiner Erfahrung haben diejenigen, die sich am meisten davor fürchten, das meiste von dieser Praxis zu gewinnen: Je größer der Drache, desto größer der Goldschatz, den er hütet.

Im Klartraum sehen wir uns so, wie wir wirklich sind, mit all unseren Ecken und Kanten. Das Bild, das wir bieten, kann auf den ersten Blick ziemlich erschreckend sein. Im luziden Zustand werden wir oft mit allem konfrontiert, was wir im Wachleben zu verdrängen versucht haben. In der Tradition der Tolteken, einer mesoamerikanischen Hochkultur, die früher einen Großteil von Zentralmexiko beherrschte, gehören Klarträume noch heute zum »Weg des Kriegers« – nicht etwa wegen der mentalen Konflikte, in die wir Menschen ständig verstrickt sind, sondern weil es Disziplin und den Mut eines Kriegers erfordert, um furchtlos in den Klartraumzustand einzutreten.

Wie schon gesagt, präsentiert uns der Traum nur das, wofür wir innerlich bereit sind, doch die meisten Menschen wissen nicht, wie groß ihre Bereitschaft, sich mit dem Trauminhalt auseinanderzusetzen, wirklich ist.

Auch der Gedanke, dass wir »das Unbewusste manipulieren«, löst bei manchen Menschen Beklemmung aus. Doch seien Sie versichert: Klarträume verletzen die Integrität des Unbewussten keineswegs, vielmehr ermöglichen sie es, diese Integrität noch mehr zu würdigen. Im luziden Zustand treten wir mit offenen Armen in den Traum ein, ohne die Absicht, ihn in seiner tiefenpsychologischen Dimension zu manipulieren.

Mit Sicherheit geschieht das eher, wenn wir uns *nicht* an unsere Träume erinnern oder nicht bereit sind, uns darauf einzulassen und mit ihnen arbeiten. Klarträumen ist ein Zeichen der Gewogenheit, Achtung und Wertschätzung gegenüber dem sakrosankten Reich der Träume. Wir reichen einem Mysterium die Hand. Für Klarträumer sind Träume in besonderem Maß wichtig und unantastbar. Heißen Sie die Luzidität also willkommen und treten Sie furchtlos in Ihren Traum ein!

Selbst-Inception

Als Klartraumenthusiast habe ich wie viele andere den Hollywood-Film *Inception* gesehen. Er hat den Klartraum in das Bewusstsein eines Massenpublikums gerückt und trotz zahlreicher Fehlgriffe (beispielsweise werden bestimmte Aspekte des Unbewussten mit einer AK47 Kalaschnikow erschossen) auch einiges richtig dargestellt, einschließlich der Möglichkeit, eine *Inception* durchzuführen, das heißt, im luziden Zustand einen Gedanken im Unterbewusstsein eines Menschen zu verankern.

Im Film pflanzt eine Gruppe von Spezialagenten, die Zugriff auf die im Unterbewusstsein gespeicherten Informationen haben, den Träumenden bestimmte Handlungsoptionen ein, um ihre Aktivitäten im Wachzustand zu beeinflussen. Das können wir mithilfe der sogenannten »Selbst-Inception« auch bei uns selbst erreichen.

Die Selbst-Inception hat Ähnlichkeit mit den Techniken, die Hypnotherapeuten anwenden, und sie sind genauso wirkungsvoll. Dabei wird im Rahmen eines Klartraums das Saatkorn einer guten Idee oder Suggestion in den fruchtbaren Boden des Unbewussten eingepflanzt. Im luziden Zustand kann dieses Saatkorn die tiefsten Ebenen des Geistes durchdringen und unser Denken und Handeln im Wachzustand nachhaltig beeinflussen. Im Tibetischen Buddhismus heißt es, dass der Geist im Klartraumzustand »bis zu sieben Mal mächtiger« ist;[25] daher überrascht es wohl nicht, dass diese selbstinduzierte Beeinflussung der Psyche so gut funktioniert.

Wie geht das vor sich? Wir rufen beim Eintritt in den Klartraumzustand gute Ideen oder Absichtserklärungen auf. Dabei pflanzen wir ein neues Muster in den Denkprozess ein, das sich bei entsprechender Wiederholung zu einer Gewohnheit verfestigt. Wer beispielsweise Probleme mit dem Selbstwertgefühl hat, könnte sich im luziden Zustand laut suggerieren: »Ich werde geliebt, liebe und bin in jeder nur erdenklichen Weise liebenswert. Ich werde geliebt, liebe und bin in jeder nur erdenklichen Weise liebenswert.« Diese Affirmation ist besonders wirksam im Traum oder gleich nach dem Erwachen.

Die Selbst-Inception ist darüber hinaus ein hervorragendes Mittel zur Bekämpfung von Suchtverhalten. Ähnlich wie ein Hypnotherapeut Abhängigkeitsmuster mithilfe einer positiven Suggestion auszuhebeln versucht, kann ein Klarträumer im luziden Zustand eine positive Suggestion in seinem Unterbewusstsein verankern.

Es ist außerdem möglich, die Problemursache direkt in Angriff zu nehmen, wie die erste Fallstudie zeigt. Antonio hatte mehr als zehn Jahre vergeblich gegen seine Nikotinsucht gekämpft, bis er eines Nachts in einem Klartraum beschloss, sein Gehirn um Unterstützung beim Entzug zu bitten. Was dann geschah, ist verblüffend.

Fallstudie: Die Nikotinsucht besiegen

Name: Antonio, Großbritannien
Alter: 37 Jahre

Antonios Bericht: Ich hatte ungefähr seit zehn Jahren geraucht, bevor ich es schaffte, damit aufzuhören. Beim Secret-Garden-Party-Festival hatte ich einen Vortrag von Charlie gehört, der mich anspornte, an meinem Suchtverhalten zu arbeiten. Ich möchte betonen, dass ich an jenem Wochenende völlig nüchtern war (ich trinke ohnehin kaum Alkohol und habe auch sonst keine echten Laster), aber ich rauchte wie gewöhnlich. Die Zigaretten, die ich an jenem Abend konsumierte, waren die letzten, wie sich herausstellte.

Antonios Traumprotokoll: Ich befand mich mitten in einem Traum, in dem ich um ein Schloss herumlief. Es waren noch andere Leute da, einige drehten mit mir zusammen eine Runde nach der anderen, andere machten sich irgendwann davon. Ich konnte einen Blick auf mich selbst werfen und sah, dass eine blaue klebrige Substanz aus meinem Gesicht und meinem Körper tropfte, und ich dachte: Das ist ja merkwürdig. Dann machte ich einen Reality-Check; ich fragte mich: Träume ich?, und begutachtete meine Handfläche, wie Charlie empfohlen hatte. Sie war von einer blauen, klebrigen Substanz bedeckt, und da wusste ich, dass ich träume!

Plötzlich war ich total aufgeregt, doch ich erinnerte mich daran, dass es Ruhe zu bewahren galt, um ein Aufwachen aus dem Traum zu vermeiden. Okay, atme tief ein und aus, entspann dich, sagte ich mir. Dann merkte ich, dass eine der Traumfiguren, die mich bei meinem Lauf begleitet hatte, eine junge Frau, mich wortlos musterte. Ich sprach sie an.

Ich: Träume ich?

Die Frau: Ja.

Ich: Wer bist du?

Die Frau: Ich bin dein Gehirn.

Ich: Wie bitte? Du bist mein Gehirn?

Die Frau: Ja. Was kann ich für dich tun?

Ich: Hm, darf ich dir eine Frage stellen?

Die Frau: Klar.

Ich: Ich mache mir Sorgen um meine Gesundheit und möchte wissen, ob alles in Ordnung ist.

Die Frau: Alles bestens. Du bist kerngesund. Aber tu uns allen einen Gefallen und hör mit dem Rauchen auf. Das ist eine Zumutung.

Ich: Aha. Na gut … Einverstanden. Wie wäre es, wenn du jedes Mal, wenn ich Lust auf eine Zigarette habe, dafür sorgst, dass ich stattdessen an etwas anderes denke oder mich anderweitig beschäftige?

Die Frau: Klar, kein Problem.

Plötzlich wache ich in meinem Zelt auf. Ich wecke meinen Freund, der neben mir liegt, und eröffne ihm: »Ich hatte gerade einen Klartraum.« Er erwidert: »Das musst du unbedingt den anderen erzählen«, und plötzlich befinde ich mich nicht mehr in meinem Zelt, sondern in einem Auto, auf dessen Rückbank mehrere Leute Platz genommen haben. Und dann wache ich wirklich auf in meinem Zelt auf dem Festivalgelände.

Antonios Leben seit dem Traum: Ich weiß, es ist unglaublich, aber seit jenem Traum habe ich nie mehr geraucht, und seither ist fast ein halbes Jahr vergangen. Ich bin unbeschreiblich froh darüber und tief beeindruckt von seiner machtvollen Wirkung. Allem Anschein nach hat sie angehalten, bis die

Sucht überwunden war. Sogar in der Gesellschaft von Rauchern hatte ich kein Bedürfnis nach einer Zigarette. Ich war außerdem viel unterwegs und spürte im Gegensatz zu früher keinerlei Verlangen, während der Wartezeiten am Flughafen zu rauchen wie sonst üblich. Ich kann es immer noch nicht richtig fassen.

Ach ja, als mich mein Freund vor ein paar Wochen bat, für ihn ein paar Sachen aus dem Supermarkt mitzubringen, habe ich alles eingekauft, was auf der Liste stand, nur die Zigaretten habe ich völlig vergessen! Ich schätze, mein Gehirn hat mich abgelenkt. Seltsam, oder?

Diese Fallstudie ist besonders faszinierend, und das aus zwei Gründen. Erstens hatte Antonio keine großen Anstrengungen unternommen, um den Klartraum gezielt herbeizuführen, abgesehen davon, dass er sich am Tag zuvor eine Dreiviertelstunde lang meinen Vortrag bei einem Musikfestival angehört hatte. Zweitens waren die Ergebnisse des Heilungsprozesses spektakulär: Zehn Jahre Nikotinsucht, überwunden in einem einzigen luziden Traum! Inzwischen sind mehr als eineinhalb Jahre vergangen, seit er die letzte Zigarette geraucht hat.

Antonio gelang der Eintritt in den Klartraum beinahe ohne Mühe, aber mit einem sehr guten Grund, sprich, dem festen Vorsatz, mit dem Rauchen aufzuhören, wobei ihm sein Unterbewusstsein Schützenhilfe leistete. Im Gegensatz dazu können viele Leute, ich selbst eingeschlossen, erst dann gezielt Klarträume induzieren, wenn wir mit dem dazu erforderlichen Handwerkszeug vertraut sind. Deshalb öffnen wir nun die zweite Toolbox mit Klartraumtechniken.

2. Toolbox: Das Traumterritorium erkunden

Wie jeder Forscher bestätigen kann, sollte man vorab einiges über Land und Leute wissen, wenn man zu einer abenteuerliche Expedition in eine unbekannte Welt aufbricht. Wenn wir im Traum luzid werden, ist es von Vorteil, wenn wir mit dem Territorium vertraut sind, das wir betreten.

Mein Meditationslehrer und Mentor ist der in Zimbabwe geborene Rob Nairn, ein Experte für Achtsamkeitsmeditationen. Er verbrachte einen Großteil seiner Jugend mit der Erkundung des Buschlandes im Süden Afrikas, und eines Tages erwähnte er das Konzept der »Buschaugen«. Menschen, die viel Zeit mit Wanderungen durch Buschland verbringen, haben allem Anschein nach einen schärferen Blick und ein panoramaähnliches, erweitertes Blickfeld, was den Vorteil hat, dass sie kaum jemals auf Schlangen treten oder über herumliegende Äste stolpern. Ihre Augen haben sich so optimal an das Terrain angepasst, dass ihnen während ihrer Wanderungen kaum etwas entgeht. Sie haben »Buschaugen« entwickelt.

Auf ähnliche Weise schärfen Menschen, die viel Zeit mit Traumarbeit verbringen, ihren Blick, entwickeln »Traumaugen«; sie sind mit der Topografie ihrer Traumwelt so vertraut, dass es ihnen gelingt, Schlangen oder Hindernisse wie herumliegende Äste gleichermaßen zu umgehen.

Traumarbeit beinhaltet einen Prozess der Neuorientierung, bei dem wir das Territorium unserer Traumwelt aus einer neuen, auf Erforschung und Erkenntnisgewinn ausgerichteten Perspektive erkunden. Einer der Schlüsselaspekte unserer Träume, den wir genauer betrachten und verstehen sollten, sind die Traumzeichen.

Traumzeichen

Wenn ich Sie mit verbundenen Augen in eine Bäckerei führen würde, könnten Sie mir vermutlich trotzdem sagen, wo Sie sich gerade befinden, oder? Sie sehen zwar nichts von Ihrer Umgebung, aber Gerüche, Geräusche und die dort herrschende Atmosphäre würden Ihnen als Hinweis auf Ihren Aufenthaltsort genügen. Sie waren schon so oft in einer Bäckerei, dass Sie auch blind erkennen würden, wo Sie gelandet sind.

In gleicher Weise können wir auch den Traumzustand als solchen erkennen, selbst wenn unsere Wahrnehmungsfähigkeit im Schlaf getrübt ist. Wie? Indem wir uns mit seinen einzigartigen visuellen Merkmalen, Geräuschen und Stimmungen vertraut machen. Sie bilden das Fundament der Fähigkeit, Traumzeichen zu entdecken.

Ein Traumzeichen ist ein unwahrscheinlicher, unlogischer oder bizarrer Aspekt einer Traumerfahrung, der darauf hinweisen kann, dass wir träumen. Die Träume der meisten Menschen sind angefüllt mit Traumzeichen – mit weit hergeholten, wie sprechenden Hunden und Unterhaltungen mit verstorbenen Verwandten, oder subtilen Begebenheiten, wie die Rückkehr in die eigene Schulzeit. Grundsätzlich kann alles, was im Wachleben nach menschlichem Ermessen nicht vorkommt, ein Traumzeichen sein.

Traumzeichen lassen sich verschiedenen Kategorien zuordnen, die ich in drei Hauptgruppen unterteile:

- Anomale Traumzeichen: bizarre Wesen beliebiger Art, wie sprechende Fische oder Ninja-Babys.
- Themenbezogene Traumzeichen: traumähnliche Grundthemen oder Szenarien, wie Rückkehr auf die Schulbank oder nackt in der Öffentlichkeit erscheinen.

- Wiederkehrende Traumzeichen: Sie treten wiederholt auf. Für Klarträumer ein wahrer Segen.

Ein Traumtagebuch zu führen (siehe 1. Toolbox) ist auch deshalb so wichtig, weil wir darin unsere persönlichen Traumzeichen dokumentieren und grafisch darstellen können.

Und in welcher Hinsicht führt das alles zu Klarträumen? Wenn wir unsere spezifischen Traumzeichen im Wachzustand zur Kenntnis genommen haben, schaffen wir einen *Klartraumtrigger* oder Schlüsselreiz, der aktiviert wird, wenn wir diese Traumzeichen das nächste Mal entdecken; dann wissen wir mit absoluter Sicherheit, dass wir träumen.

FÜNF SCHRITTE ZUM AUFSPÜREN VON TRAUMZEICHEN

1. Sobald Sie sich an Ihre Träume erinnern und sie schriftlich festgehalten haben, lesen Sie die Notizen noch einmal durch und halten dabei nach Traumzeichen Ausschau.
2. Wenn Sie geträumt haben, dass Sie eine Straße entlang gegangen sind und Barack Obama gesehen haben, der neben einem blauen Drachen stand, wären Ihre Traumzeichen »Barack Obama« und »blauer Drache«. Wenn Sie Hilary Clinton sind, wäre Barack Obama natürlich kein Traumzeichen, sondern ein alltäglicher Anblick. Nur der blaue Drache weist darauf hin, dass Sie träumen.
3. Wenn Sie mehrmals von einem blauen Drachen träumen, ist das ein Traumzeichen, das sich wiederholt. Wiederkehrende Traumzeichen signalisieren wiederkehrende Chancen, einen Klartraum zu erleben.
4. Sobald Sie Ihre Traumzeichen genau kennen, fassen Sie den festen Entschluss, in Zukunft danach Ausschau zu halten. Diese Intention dringt in Ihre Träume ein und be-

wirkt, dass Sie Ihre Traumzeichen erkennen und wissen, dass Sie träumen.

5. Vor dem Zubettgehen sollten Sie sich immer wieder vor Augen halten: *Wenn ich wieder einmal Barack Obama* (oder Ihre speziellen Traumzeichen) *vor mir sehe, weiß ich, dass ich träume!*

   Wenn Ihr Traumzeichen das nächste Mal in einem Traum erscheint, wird der Klartraumtrigger aktiviert und löst den spontanen Gedanken aus, *Barack Obama? Aha! Das ist ein Traumzeichen, ich träume also!*

   Sie haben Ihre Traumzeichen identifiziert und die Intention festgelegt, sie zu erkennen, wenn sie das nächste Mal in Ihren Träumen auftauchen. Zu den klassischen Traumzeichen gehören natürlich sprechende Tiere wie der Frosch aus dem folgenden Gleichnis.

Der Frosch aus dem Brunnen

Es war einmal ein kleiner Frosch, der in einem Brunnen wohnte. Er hatte seinen Lebensraum nie verlassen. Für ihn war dies die ganze Welt. Eines Tages landete ein Frosch aus dem Meer im Brunnen, und nach dem Austausch der üblichen Höflichkeitsfloskeln brannte der Hausherr darauf, ein wenig mehr über seinen Gast zu erfahren.

»Wo lebst du eigentlich?«, wollte er wissen.

»Ich lebe im Ozean«, erwiderte der Frosch aus dem Meer.

»Ozean? Was ist denn das?«

Der Frosch aus dem Ozean sann über die Frage nach, bevor er antwortete: »Der Ozean hat Ähnlichkeit mit deinem Brunnen, ist aber viel, viel größer.«

Der Frosch aus dem Brunnen konnte sich einfach nicht vorstellen, dass irgendetwas größer sein könnte als sein Brunnen.

»Größer als mein Brunnen? Unmöglich! Dein Ozean hat wahrscheinlich nur ein Viertel vom Umfang meines Brunnens.«

»Nein, nein, der Ozean ist viel größer als dein Brunnen!«, entgegnete der Frosch aus dem Ozean.

»Na gut, dann ist er halb so groß?«

»Wo denkst du hin – es ist ein Ozean – riesig, unendlich weit, unermesslich!«

»Er ist wirklich so groß? Also gut, einigen wir uns darauf, dass der Ozean ungefähr die gleiche Größe hat wie mein Brunnen, einverstanden?«

In seiner Verzweiflung erwiderte der Frosch aus dem Ozean: »Hör mal, warum kommst du nicht einfach mit und schaust dir den Ozean selber an?«

Ein wenig ungehalten, aber siegesgewiss erklärte der Frosch aus dem Brunnen: »Also gut, lass uns gehen!«

Und so hüpften die beiden aus dem Brunnen und einen Weg entlang, den der Frosch aus dem Brunnen bisher nie einzuschlagen gewagt hatte. Am Ende des Weges gelangten sie auf eine Lichtung, die den Blick auf das atemberaubende Panorama des Ozeans freigab. Der Frosch aus dem Ozean lächelte. »Siehst du, er ist viel, viel größer als dein Brunnen!«

Der Frosch aus dem Brunnen betrachtete in ehrfürchtigem Staunen die unendliche Weite des Ozeans; dann explodierte sein Kopf und zersprang in tausend Stücke.

Sie fragen sich vermutlich, was diese merkwürdige Geschichte von erstaunlich wohlerzogenen Fröschen und explodierenden Köpfen mit Klarträumen zu tun hat. Ganz einfach: Die meisten Menschen betrachten Klarträume wie der Frosch aus dem Brunnen die Welt – aus einem eingeengten, subjektiven Blickwinkel, der ihre wahre Dimension gewaltig unterschätzt. In Wirklichkeit können unsere Klarträume ozeanische Erfahrungen sein, mit Einsichten und Einblicken, die weit über die persönliche Ebene hinausgehen und bewirken, dass sich die Grenzen unserer Wachwelt schlagartig auflösen, als würden sie in tausend Scherben zerspringen.

Und wie lernen wir, über den Brunnenrand hinauszublicken? Der erste Schritt besteht darin, fest daran zu glauben, dass es möglich ist. Der nächste Schritt erfordert, dass wir uns aktiv um Zugang zu diesen tieferen Ebenen unseres Geistes bemühen. Durch die gezielte Bitte um Träume, die uns einen Blick über die Grenzen unserer eigenen Erfahrungen hinaus gestatten, ebnen wir den Weg zu uneingeschränkten Träumen.

Die nachfolgende geführte Meditationsübung trägt dazu bei, in Kontakt mit unserem Unterbewusstsein zu treten, mit der Bitte, uns einen Blick in seine ozeanischen Tiefen zu gewähren und uns Traumzeichen, Erkenntnisse und Chancen zu präsentieren, die bewusstes Träumen fördern.

ÜBER DEN BRUNNENRAND HINAUSBLICKEN

Mit dieser Übung bitten wir um die Erlaubnis, über den Brunnenrand hinauszublicken, doch zuvor gilt es, unsere Dankbarkeit zum Ausdruck zu bringen. Zuerst danken wir unserem Körper, danach unserem Geist und zum Schluss unserem inneren Träumer, dem Schöpfer der fantastischen Traumwelten. Die Meditation kann zunächst tagsüber und danach (wenn Sie sich alle Schritte gemerkt haben) im hypnagogen Zustand vor dem Einschlafen durchgeführt werden. Wenn Sie möchten, können Sie den Text gerne aufzeichnen und anhören.

1. Schritt

- Nehmen Sie eine entspannte Haltung ein, entweder aufrecht und mit geradem Rücken sitzend oder liegend.
- Atmen Sie durch Nase oder Mund, beides ist zulässig; richten Sie Ihre Aufmerksamkeit auf den Atem.
- Verzichten Sie auf jeden Versuch, den Gedankenfluss anzuhalten oder den Geist zu leeren. Atmen Sie einfach ruhig ein und aus und folgen Sie der Meditationsanleitung. Lassen Sie zu, dass die Gedanken auf natürlichem Weg kommen und gehen. Achten Sie nur auf die Ein- und Ausatmung.
- Nach ein paar Atemzügen lenken Sie Ihre Aufmerksamkeit auf den Körper. Machen Sie sich Ihren Körper und den Raum bewusst, den er im Sitzen oder Liegen einnimmt. Öffnen Sie sich für ein Gefühl der Dankbarkeit gegenüber Ihrem Körper.

2. Schritt

- Richten Sie Ihre Aufmerksamkeit jetzt auf Ihre Beine. Spüren Sie Ihre Beine; nehmen Sie sich einen Augenblick Zeit, um sich die Arbeit, die sie verrichten, bewusst zu machen und zu würdigen. Ihre Beine sind zu erstaunlichen Leistungen fähig! Haben Sie sich jemals bei ihnen dafür bedankt?
- Nehmen Sie sich einen Augenblick Zeit, um Ihre Dankbarkeit zu bezeugen – in Gedanken und auf Ihre eigene Weise. Danken Sie nun Ihren Beinen.
- Richten Sie Ihre Aufmerksamkeit als Nächstes auf Ihre Arme und Hände. Diese Gliedmaßen ermöglichen Ihnen, zu schreiben, zu essen, Dinge zu berühren, jemanden zu umarmen. Arme und Hände sind einzigartig! Nehmen Sie sich einen Augenblick Zeit, um zu würdigen, mit welcher

Bravour sie ihre Aufgaben verrichten. Danken Sie nun Ihren Armen und Händen.

- Rücken Sie jetzt den ganzen Körper in den Mittelpunkt Ihrer Aufmerksamkeit und Dankbarkeit. Nehmen Sie Ihren Körper und den Raum wahr, den er im Sitzen oder Liegen einnimmt. Nehmen Sie Füße, Beine, Adern, Brustkorb, Hände, Arme, Kopf und Hals wahr. Richten Sie Ihre Aufmerksamkeit auf Ihr Verdauungssystem, Ihr Nervensystem, Ihr unentwegt schlagendes Herz.
- Ihr Körper ist ein Wunderwerk der Natur, er ist einzigartig. Er arbeitet immer hart und versucht, sein Bestes zu tun. So krank oder beschädigt er auch erscheinen mag, er gibt sich stets die größte Mühe, zu funktionieren, und dafür sollten wir ihm dankbar sein. Danken Sie nun Ihrem ganzen Körper.
- Lenken Sie Ihre Aufmerksamkeit jetzt von der physischen auf die mentale Ebene. Richten Sie die Aufmerksamkeit auf Ihren Geist und seien Sie dankbar für seine Schöpferkraft und Genialität. Danken Sie nun Ihrem Geist.
- Als Letztes richten Sie Ihre Aufmerksamkeit auf Ihren inneren Träumer, den Teil des Unbewussten, der die Regie und Hauptrolle in Ihren Träumen übernimmt. Bedanken Sie sich bei ihm; bedanken Sie sich für die Träume. Danken Sie nun Ihrem inneren Träumer.

3. Schritt

- Mit der Bekundung der Dankbarkeit gegenüber Ihrem Körper, Ihrem Geist und Ihrem inneren Träumer haben Sie einen direkten Kommunikationsweg zu den tiefsten Tiefen Ihres Selbst eröffnet, und an diese tiefste Ebene richten Sie nun Ihre Bitte.

- Bitten Sie darum, über den Brunnenrand hinausblicken zu dürfen. Bitten Sie, wie der Frosch aus dem Brunnen, um eine Erweiterung Ihres begrenzten Sichtfelds und um Träume, die Ihnen einen Blick in die ozeanische Unermesslichkeit Ihres eigenen Potenzials gestatten. Bitten Sie Ihren inneren Träumer nun, Ihnen diesen Blick zu gewähren.
- Der Träumer ist ein Teil von Ihnen, die Träume, die er erschafft, sind Teil Ihres Geistes; bitten Sie also um das, wonach Sie suchen und was Ihre Träume Ihnen offenbaren sollen. Bitten Sie um Träume, die Ihnen Erkenntnis vermitteln, bitten Sie um luzide Träume, bitten Sie um einen Blick in die ozeanische Tiefe Ihres eigenen Potenzials. Bitten Sie nun darum.
- Bitten Sie Ihren inneren Träumer ein letztes Mal, mit Ihren eigenen Worten und auf Ihre eigene Weise, Ihnen nun den Blick über den Brunnenrand zu ermöglichen.
- Zum Abschluss nehmen Sie sich einen Augenblick Zeit, um die positive Energie dieser Meditation dem Wohl aller Wesen zu widmen.

Nach der Meditationsübung empfiehlt es sich, Ihre Träume aufzuschreiben – jeden einzelnen, an den Sie sich erinnern können, vor allem in der nächsten und übernächsten Nacht –, denn Sie haben eine wirkungsmächtige Bitte an Ihren inneren Träumer gerichtet und werden möglicherweise feststellen, dass Ihre Träume binnen kürzester Zeit eine Dimension erhalten, die weit über Ihre bisherigen Erfahrungen hinausgeht.

Topografie des Schlafs

Ähnlich wie topografische Karten in Abschnitte unterteilt sind, um das Territorium eines Landes mit seinen unterschiedlichen Geländeformen grafisch darzustellen, ist auch das Traumterritorium verschiedenen Abschnitten des Schlafs zugeordnet. Wenn wir systematisch luzide Träume herbeiführen möchten, sollten wir wissen, wann die Traumwahrscheinlichkeit am größten ist, damit wir unsere Klartraumübungen entsprechend einplanen können.

Nehmen wir uns also einen Augenblick Zeit, um ein wenig mehr über das Land der Träume zu erfahren, in dem wir ein Drittel unseres Lebens verbringen. Die meisten Wissenschaftler unterteilen den Schlaf in vier Phasen oder Stadien.[26]

1. Phase: Hypnagoger Zustand

Der hypnagoge Zustand ist die erste Schlafphase. Der Schlaf ist sehr leicht, wird eher als hochgradige Benommenheit wahrgenommen und oft von Alpha-Hirnstromwellen begleitet, wie im entspannten Wachzustand. Das deutlichste Kennzeichen dieser Phase sind die hypnagogen Bilder, die entstehen: Halluzinationen, die vor unserem inneren Auge aufscheinen und verblassen, bevor wir in das nächste Schlafstadium abgleiten.

2. Phase: Traumloser Leichtschlaf

Die meisten Menschen nehmen dieses Stadium als leichten, traumlosen Schlaf wahr. Wir sind vom halb-bewussten hypnagogen Zustand in den Schlafmodus übergewechselt, aber wir träumen noch nicht.

3. Phase: Tiefschlaf

Sobald unser Gehirn Delta-Wellen produziert, tauchen wir tiefer in den Schlaf ein und gelangen auf die tiefste Ebene des traumlosen Schlafes. Im dritten Stadium beginnt der Regenerationsprozess. Der Körper schüttet vermehrt das Wachstumshormon HGH aus, repariert Zellgewebe und lädt unsere Batterien wieder auf. Wenn man jemanden in dieser von Delta-Wellen geprägten, völlig entspannten Tiefschlafphase aufweckt, was normalerweise schwieriger ist, fühlt er sich meistens völlig erschöpft und orientierungslos.

REM-Schlaf (Rapid Eye Movement)

In diesem Stadium, in dem der Körper in einen Zustand der Starre verfällt, arbeitet unser Gehirn auf Hochtouren und wir träumen. Obwohl Traumbilder gelegentlich auch in die anderen Schlafphasen einsickern können, ist die Anzahl der Träume im REM-Schlaf am größten.

Die meisten Menschen durchlaufen pro Nacht vier oder fünf Schlafzyklen von jeweils 90 Minuten Dauer, wobei REM-Träume jeden einzelnen Zyklus kennzeichnen. Bei vier oder fünf Traumperioden pro Nacht beläuft sich die Anzahl unserer Träume auf annähernd 1800 im Jahr und auf mehr als 100 000 während eines ganzen Lebens. Das sind 100 000 Chancen, in einen Klartraum einzutauchen!

Die Reise in den Schlaf

Wir schlafen nicht abrupt ein. Der Schlaf ist eine zyklische Reise, eine Berg-und-Tal-Fahrt, die von der Leichtschlafphase bis in die tiefsten Ebenen des Tiefschlafs und wieder hinauf zum Gipfel, in das Land der Träume, führt.

Werfen wir einen Blick auf unsere Schlaf-Landkarte. Wenn wir einschlafen, nimmt der erstmalige Weg von Station 1 bis Station 3 etwa eine halbe Stunde in Anspruch. Nachdem wir ungefähr eine weitere halbe Stunde in der Tiefschlafphase Rast gemacht haben, kehren wir kurz zur zweiten Phase, in den traumlosen Leichtschlaf zurück; doch statt wieder in den hypnagogen Zustand der Ausgangsphase zurückzufallen, gelangen wir nun in das REM-Stadium und beginnen zu träumen.

Die Augen bewegen sich rasch hin und her (Rapid Eye Movement = REM), der Körper verharrt in der Schlafparalyse, und vor unserem inneren Auge spult sich ein Film mit lebhaften Bildern ab, den wir als Traum bezeichnen, dramaturgisch ausgefeilt und mit emotionalen Erfahrungen gespickt. Wie bereits erwähnt, ist der Traum ein aktiver Schlafzustand – wir ruhen uns nicht aus, während wir träumen.

Die erste Traumperiode umfasst ungefähr zehn Minuten; der gesamte Zyklus, vom hypnagogen Zustand bis zum Ende der ersten REM-Phase, dauert etwa neunzig Minuten. Dieser 90-Minuten-Zyklus wiederholt sich mehrmals während der Nacht, doch mit jedem Zyklus verbringen wir mehr Zeit im REM-Stadium als im Tiefschlaf. Da die REM-Phasen immer länger werden, bestehen die letzten beiden Stunden des Schlafs fast ausschließlich aus Träumen.

In diesen letzten Stunden des Schlafzyklus fällt uns der Übergang aus dem Wachzustand in den Traumzustand besonders leicht. Das ist folglich die beste Zeit für Klarträume. Klarträume können auch in den ersten Stunden des Schlafzyklus auftauchen, doch die Traumphasen sind dann meistens kurz und die geistigen Aktivitäten ziemlich gedämpft. In den letzten Stunden des Schlafs haben wir nicht nur längere Traumperioden vor uns, sondern auch ein paar Stunden Schlaf hinter uns, sodass wir uns erholt und gerüstet fühlen, in die Welt der Klarträume einzutauchen.

Wenn wir aufwachen, egal an welchem Punkt des Schlafzyklus, durchlaufen wir eine Phase, die als hypnopomper Zustand bezeichnet wird. Dieser häufig übersehene Bewusstseinszustand stellt das Tor zwischen Schlaf- und Aufwachphase dar, ein Übergangsstadium, das die größten Belohnungen bereithält, wenn es uns gelingt, es nach allen Regeln der Kunst in den Griff zu bekommen. In der sechsten Toolbox erfahren Sie, wie Sie das Potenzial des hypnopompen Zustands vollumfänglich ausschöpfen.

Obwohl die meisten Menschen die Schlafphasen in der zuvor beschriebenen Weise erleben, müssen Sie nicht zwangsläufig zu dieser Mehrheit gehören; erforschen Sie daher, wie Ihre eigenen Schlafphasen verlaufen.

Und denken Sie daran: Die erste Hälfte der Nacht verbringen wir überwiegend im Tiefschlaf, mit kurzen Traumperioden, während die zweite Hälfte überwiegend aus Träumen besteht, ohne dass wir jedes Mal in die Tiefschlafphase gelangen.

Der hypnagoge Zustand

Eine der am leichtesten zugänglichen Stationen der Reise in den Schlaf ist der hypnagoge Zustand, ein Übergangsstadium zwischen Wachsein und Schlafen. Dieser durch Schläfrigkeit gekennzeichnete Zwischenzustand geht oft mit hypnagogen Bildern einher, visuellen Wahrnehmungen oder symbolischen Ausdrucksformen von Gedanken und Vorstellungen, die sich einstellen, wenn wir in den Schlaf abdriften.

Diese sogenannten hypnagogen Halluzinationen setzen sich aus Erinnerungen an das Tagesgeschehen, mentalen Aktivitäten und der Präsentation von Gedächtnisinhalten zusammen. Die meisten Menschen empfinden dieses Stadium als total verrückt, doch wenn man sich mit ihm »anfreundet«, lässt es sich in sinnvolle Bahnen lenken und als eine Quelle äußerst schöpferischer Kräfte nutzen.

Jedes Mal, wenn wir einschlafen, durchlaufen wir diesen hypnagogen Zustand, und das bedeutet, dass wir Tag für Tag die Chance haben, sein Potenzial auszuschöpfen. Wie schon der Name besagt, hat der Zustand Ähnlichkeit mit dem hypnotischen Trancezustand. Mein Hypnoselehrer, der verstorbene Mervyn Minall-Jones, hat einmal zu mir gesagt: »Charlie, mein Freund, du wirst zwei Mal täglich in Hypnose versetzt! Wenn du einschläfst durch den hypnagogen und wenn du aufwachst durch den hypnopompen Zustand.«

Beim Eintritt in den hypnagogen Zustand können sich plötzliche Spasmen bemerkbar machen, unwillkürliche »myoklonische« Muskelzuckungen genannt. Einige Forscher sehen darin ein evolutionäres Relikt aus der Zeit, als die Menschen noch auf Bäumen schliefen. Die Zuckungen trugen dazu bei, die Achtsamkeit auch am Schlafplatz zu bewahren, um einen Sturz in die Tiefe zu vermeiden.

Die meisten Menschen neigen dazu, vom Schlaf übermannt, einfach einzudösen, doch wenn wir das Territorium der Hypnagogie besser kennenlernen wollen, sollten wir uns gemächlich in den Schlaf gleiten statt uns von ihm übermannen zu lassen. Der hypnagoge Zustand birgt ungeahnte Nutzungsmöglichkeiten, aber wie gelingt es uns, mehr als die üblichen zehn Minuten in dieser Einschlafphase zu verbringen? Indem wir lernen, gezielt darin zu verweilen.

FÜNF SCHRITTE ZUM VERWEILEN IM HYPNAGOGEN ZUSTAND

Das Ziel dieser Übung besteht darin, achtsam im hypnagogen Zustand zu verweilen, ohne in den Schlaf abzugleiten, in den er überzugehen pflegt. Hier handelt es sich nicht um eine eigenständige Klartraumtechnik, sondern vielmehr um eine Achtsamkeitsübung zur Traum- und Schlafinduktion, aber ich empfehle Ihnen: Machen Sie sich gründlich mit dem hypnagogen Zustand vertraut, denn er stellt das Eingangstor zur Traumwelt dar. Die Erweiterung unserer Erfahrungen im hypnagogen Zustand lässt sich am besten tagsüber üben. Dabei gehen Sie folgendermaßen vor:

1. Suchen Sie sich einen Platz, an dem Sie sich bequem ausstrecken können; Sie sollten schläfrig, aber nicht todmüde sein. Sie dürfen sich auf das Bett, aber bitte nicht *ins* Bett legen. Sie wollen ja nicht einschlafen.
2. Stellen Sie den Wecker; er sollte 20 Minuten später läuten (nur für den Fall, dass Sie doch einschlafen). Legen Sie sich einfach auf den Rücken mit einem Kissen unter dem Kopf und schließen Sie die Augen.
3. In den Nachmittagsstunden gelangen die meisten Menschen im Verlauf von 15 Minuten in den hypnagogen Zustand. Sobald Ihr Ziel erreicht ist, verweilen Sie, wenn mög-

lich, ungefähr 10 Minuten lang in dieser Phase. Entspannen Sie sich, nehmen Sie die vor Ihrem inneren Auge vorbeiziehenden Bilder und die einschläfernden Energiewellen wahr, die Sie durchströmen. Achten Sie auf Ihren Atem und auf Ihre Körperempfindungen, um zu verhindern, dass Sie einschlafen.

4. Nach 20 Minuten läutet Ihr Wecker; holen Sie sich sanft in den Zustand der vollbewussten Wahrnehmung zurück.
5. Alternativ können Sie am Abend auch eine halbe Stunde früher zu Bett gehen und sich absichtlich langsamer in den Schlaf gleiten lassen als üblich. Finden Sie heraus, was Ihnen am leichtesten fällt, und genießen Sie die Erfahrung.

Sie können sich auch meine CD *Lucid Dreaming, Conscious Sleeping* anhören, die eine geführte hypnagoge Meditation enthält und 25 Minuten dauert. Sie ist im Handel oder als Download erhältlich.

Charlies Toolbox-Checkliste

- Machen Sie sich mit Ihrem Traum- und Schlafterritorium vertraut. Zielen Sie darauf ab, »Buschaugen« zu entwickeln.
- Traumzeichen lassen sich drei Hauptkategorien zuordnen: anomale, themenbezogene und wiederkehrende. Notieren Sie alle, aber richten Sie Ihre Aufmerksamkeit in erster Linie auf diejenigen, die wiederholt vorkommen.
- Bitten Sie darum, über den Brunnenrand hinausblicken zu dürfen; lassen Sie zu, dass die Grenzen Ihrer Wahrnehmung gesprengt werden wie der Kopf des Frosches!
- Es gibt vier Schlafphasen – hypnagoger Zustand, Leichtschlaf, Tiefschlaf und REM-Traumphase. Die REM-Perioden werden im Verlauf der Nacht immer länger, des-

halb sollten Sie Ihre Aufmerksamkeit auf die letzten Stunden des Schlafzyklus richten.

- Lernen Sie, im hypnagogen Zustand zu verweilen. Viele Techniken, die wir an späterer Stelle erkunden werden, basieren auf der Fähigkeit, die Aufmerksamkeit in der hypnagogen Phase aufrechtzuerhalten, deshalb lohnt sich die Übung.
- Denken Sie an die regelmäßigen Einträge in Ihrem Traumtagebuch!

Drei

Die drei Säulen des Klartraums, Karrierewege und Kreativität

Da Sie nun begonnen haben, über den Brunnenrand hinauszublicken, auf eine tiefe Traumebene zu gelangen und Ihre Traumzeichen auf Anhieb zu entdecken, merken Sie vermutlich, wie bizarr Ihre Traumwelt sein kann. Wichtig ist, sich daran zu erinnern, dass alles, was im Traum auftaucht, völlig in Ordnung ist, und dass es nichts gibt, wovor Sie sich fürchten müssten, gleich welchem Trauminhalt Sie sich auch gegenübersehen.

Angstträume, sexuelle Träume und gewalttätige Träume sind lediglich Ausdrucksformen des Traumbewusstseins und sollten nicht an den Empfindlichkeiten unseres Wachbewusstseins gemessen werden. Diese Einstellung einer wertneutralen Offenheit ist die Grundlage der Klartraum-Übungen in meinen Workshops und das Fundament der drei Säulen des Klartraums.

Die drei Säulen des Klartraums

Im Verlauf meiner langjährigen Tätigkeit als Leiter von Klartraum-Workshops und durch eingehende Beobachtung der Teilnehmer bin ich zu der Schlussfolgerung gelangt, dass drei Schlüsselmerkmale zu einer ausgewogenen, heilsamen und fruchtbaren Klartraumpraxis führen. Die Entwicklung dieser Schlüsselmerkmale trennt die Spreu vom Weizen, unterscheidet den Touristen, der nur der schönen Landschaft wegen luzide träumt vom Forschungsreisenden, der sich eine neue Welt der unbegrenzten Möglichkeiten erschließt. Diese Schlüsselmerkmale sind Akzeptanz, Freundlichkeit und Großherzigkeit – die drei Säulen der Klartraumpraxis.

Akzeptanz

Sobald wir unsere Träume aufmerksam verfolgen, müssen wir akzeptieren, dass beinahe alles, was wir darin erleben, oder zumindest 99 Prozent, Teil unserer eigenen geistigen Aktivitäten ist. Wie verstörend, gewalttätig oder düster der Trauminhalt auch erscheinen mag, wir sollten uns vor Augen halten, dass er uns lediglich einen Aspekt der ozeanischen Unermesslichkeit unserer Psyche präsentiert, der danach strebt, wahrgenommen zu werden. Das Unterbewusstsein fordert uns auf, diesen Aspekt genau anzuschauen, sich mit ihm auseinanderzusetzen, doch das gelingt uns nur, wenn wir die Vorstellung über Bord werfen, dass der Traum getrennt von uns existiert.

Wenn Menschen in ihren Träumen – luzide oder nicht – eine Eigenschaft als schlecht oder unangenehm empfinden, betrachten sie es oft als ihre Pflicht, sich um eine Änderung zu bemühen, sprich »Korrekturen« vorzunehmen. Das ist sowohl unklug wie auch unnötig, denn durch die wertneutrale Begutachtung dieser »ausgeschlossenen« Aspekte des Unbewussten ermöglichen wir den verdrängten Teilen unserer Psyche eine Integration auf natürlichem Weg. Der indische spirituelle Lehrer Krishnamurti hat einmal gesagt: »Sehen ist handeln.« Doch diese Form des Handelns hängt davon ab, ob wir das, was wir sehen, als Teil von uns akzeptieren.

Der Achtsamkeitsexperte Ron Nairn erklärte, dass »die Voraussetzungen für einen Wandel unverzüglich durch Akzeptanz geschaffen werden, während Nicht-Akzeptanz inneren Turbulenzen und psychischen Konflikten Vorschub leistet, weil wir buchstäblich unser Selbst bekämpfen.« Und er fügte hinzu, dass »die psychische Kraft der Wahrnehmung ausreicht, um Erkenntnisse zu gewinnen. Wir müssen lediglich genau anschauen, was uns der Geist präsentiert, und uns konstruktiv damit auseinandersetzen.«[27]

Der Begriff Akzeptanz bedeutet in diesem Zusammenhang nicht Billigung oder Befürwortung negativer mentaler Zustände oder Situationen. Akzeptanz ist eine mentale Fähigkeit, die Bereitschaft, uns ohne Wenn und Aber auf eine Situation einzulassen und damit zu arbeiten.

Manche befürchten, dass dunkle äußere Mächte in ihre Klarträume eindringen könnten. In Wirklichkeit begegnen sie aber nur ihrem eigenen »Schatten« und könnten die wunderbare Gelegenheit nutzen, Anteile ihres Selbst, die sie durch den grundlegenden Mangel an Akzeptanz ausgeschlossen haben, in ihren luziden Träumen zu integrieren. Die Schattenintegration werden wir im nächsten Kapitel eingehender erkunden.

Freundlichkeit

Sobald wir akzeptieren, dass 99 Prozent von dem, was wir in luziden Träumen erleben, Teil unserer eigenen Psyche ist, können wir uns der zweiten Säule der Klartraumpraxis widmen: Freundlichkeit. Das heißt, dass wir allen Traumerfahrungen mit freundlichem Wohlwollen begegnen, gleich ob gut oder schlecht. Wohlwollen gegenüber uns selbst, gegenüber unseren Traumfiguren, gegenüber den scheinbar negativen und positiven Manifestationen. Diese wohlwollende Haltung eröffnet einen ungeahnten Ausblick auf den Traum, der uns bisher verborgen war.

Mingyur Rinpoche, ein Meister des Tibetischen Buddhismus, sagt: »Wenn du ein negatives mentales Gefühl ablehnst, wird es dein Feind, und wenn du ihm mit Nachsicht begegnest, wird es dein Gebieter. Wie sollen wir also mit einem negativen Gefühl umgehen? Welche Methode ist die beste? Sieh ihm ins Gesicht, freunde dich mit ihm an!« Das gilt auch für unsere Klarträume. Wenn wir akzeptieren, dass fast alles, was im Traum vorkommt, ein Aspekt unseres Selbst ist, gibt es keinen Grund, ihm *nicht* freundlich zu begegnen.

Großherzigkeit

Die dritte Säule, die einer stabilen Klartraumpraxis dient, ist Großherzigkeit. Seien Sie großherzig gegenüber allem, was Ihnen im Klartraum begegnet, denn es ist ein Teil von Ihnen – zu 99 Prozent, genauer gesagt. Und was ist mit dem restlichen Prozent, das kein Produkt Ihrer geistigen Aktivitäten ist? Darüber werden Sie an späterer Stelle mehr erfahren, aber auch ihm sollten Sie mit Großherzigkeit begegnen. Wie der Dalai Lama sagte: »Sei großherzig, wo immer es möglich ist. Es ist immer möglich.«

Wenn wir diese drei mentalen Einstellungen – Akzeptanz, Freundlichkeit und Großherzigkeit – als Teil des Klartraumtrainings pflegen, werden daraus drei Säulen, auf die sich die gesamte Struktur unserer Klartraumpraxis stützt; sie schützen uns vor den Stürmen des dualistischen Aberglaubens, die so häufig an unserem Wachbewusstsein rütteln.

Kreative Träume

Ein weiterer Aspekt des menschlichen Geistes, den viele nur ungern als Teil ihres Selbst akzeptieren, ist die geniale innere Schöpferkraft. Durch Klarträume lernen wir diese Schöpferkraft in ihrem angestammten Element kennen.

Der Klartraumzustand ist hervorragend geeignet, um kreativ zu werden, denn er bietet uns einen »direkten Kontakt zu dem bemerkenswerten schöpferischen Potenzial des menschlichen Geistes«.[28] Doch wie funktioniert das?

Unsere Träume werden fast ausschließlich von der rechten Hirnhemisphäre gespeist, die auf Kreativität, Vorstellungskraft und nicht-lineare Denkprozesse spezialisiert ist. Neurologen sind überzeugt, dass die rechte Hirnhälfte »aufgrund ihrer Struktur spontan und einfallsreich ist, ein Ort, an dem sich unsere künstlerische Begabung frei und ohne Hemmungen oder Werturteile entfalten kann«. [29]

Infolge der mangelnden Bewusstheit beim Träumen bleibt dieses schöpferische Potenzial unseres Geistes leider weitgehend ungenutzt. Wenn wir doch nur in Echtzeit darauf zugreifen könnten! Die Möglichkeit, diese unerschöpfliche Quelle zu erschließen, bietet sich im Klartraum. Klarträume aktivieren kognitive Funktionen der linken Hirnhemisphäre, was bedeutet, dass wir die schöpferische Kraft der rechten

Hirnhemisphäre gezielt nutzen können. Damit wird der Klartraum zur idealen Gelegenheit, wichtige Entscheidungen im Leben zu reflektieren und das Unterbewusstsein um kreative Ratschläge zu bitten. Aus der Sicht des Tibetischen Buddhismus sind wir im Klartraumzustand dem »Zustand des Erwachens«, der von Natur aus in uns angelegt ist, wesentlich näher als im Wachzustand. Das heißt, dass alle schöpferischen Aktivitäten im Klartraum Einblick von einer Tiefe bieten, die durch intensives Nachdenken im Wachzustand niemals erreicht wird.

Das Unterbewusstsein nimmt viel mehr wahr als wir und verfügt daher über wesentlich umfassendere Wissensressourcen, aus denen es Lösungen für die Herausforderungen in unserem alltäglichen Leben abzuleiten vermag. Welchen Beruf soll ich ergreifen? Wie kann ich den Menschen, die mir nahestehen, etwas Gutes tun? Was würde eine bestimmte Figur in meinem neuen Buch in dieser Situation empfinden? Das sind nur einige der Fragen, denen wir im Klartraumzustand mit seinem unendlichen Einfallsreichtum nachgehen können.

Eine Frau, die mehr über kreative Klarträume weiß als die meisten anderen, ist die britische Autorin Dr. Clare Johnson, deren Doktorarbeit von der Verbindung zwischen Klartraum und schöpferischem Prozess handelt. Sie nutzte ihre Klarträume, um sich besser in die Rolle der Figuren in ihrem Roman hineinzuversetzen, den sie gerade schrieb, und ihre Gedanken und Gefühle nachzuvollziehen.

Sie bat ihr Unterbewusstsein auch, ihr bei der mehrfachen Überarbeitung des Handlungsablaufs in ihren Büchern zu helfen, und gewann dank des Klartraumzustands sogar den Dream Telepathy Contest, einen Wettbewerb anlässlich der Jahrestagung der International Association of the Study of

Dreams, einer Organisation, die sich mit Traumforschung befasst. Hier einige ihrer Tipps, wie man die schöpferischen Kräfte im Traum aktiviert:

TIPPS VON PROFIS: KREATIVITÄT IM KLARTRAUM

Schauen Sie sich Ihren Traumfilm an

Man geht davon aus, dass kreative Denkprozesse entstehen, wenn sich Unterbewusstsein und Bewusstsein im Gleichgewicht befinden, egal, ob wir wach sind oder schlafen. In einem Klartraum können wir bewusst und gebannt verfolgen, wie das Unterbewusstsein einen Film vor unserem inneren Auge abspult. Wenn Sie sich Ihren »Traumfilm« aufmerksam anschauen und erkennen, in welchem Bezug er zu Ihren Gedanken und Gefühlen steht, haben Sie eine stimulierende schöpferische Ressource entdeckt. Sie können bizarre und wunderbare Bilder, Handlungsabläufe und Abenteuer in den Wachzustand mitnehmen, um sie in Kunstobjekte und Geschichten zu verwandeln.

Werden Sie Traummagier!

Klartraumimpulse können eine spezifische kreative Reaktion auslösen. Fassen Sie den festen Entschluss, im nächsten Klartraum eine Schatztruhe mit Ideen oder Objekten zu finden, »die es noch nie gab«; bitten Sie den Traum um Hilfe bei einem Projekt, an dem Sie gerade arbeiten, oder betreten Sie eine Kunstgalerie mit der festen Absicht, ein Gemälde zu entdecken, das Ihnen auf Anhieb gefällt. Prägen Sie sich jede Einzelheit ein und speichern Sie sie in Ihrem Gedächtnis, bis Sie aufwachen.

Erwartung und Intention sind wirkmächtige Instrumente in der Welt der Klarträume. Wenn der luzide Traum fest verankert ist und wir ohne Wenn und Aber davon ausgehen, dass wir schöpferische Impulse erhalten, wird der Traum Wirklichkeit.

Zeigen Sie Ihrem inneren Kritiker die kalte Schulter

In Klarträumen fällt uns das leicht, denn wir befinden uns in der ungezähmten, ursprünglichen Welt des Unbewussten, in der die Stimme des Kritikers erheblich weniger Gewicht hat. Deshalb sollten Sie die natürliche Kreativität der luziden Träume nutzen, um Ihre Snowboard-Künste in einer Nachbildung der Wachwelt zu vervollkommnen oder neue Kunstformen zu erproben.

Wie wäre es, wenn Sie sich als Glasbläser oder Bildhauer versuchen, Arien schmettern oder als Primaballerina Furore machen? Den Möglichkeiten sind keine Grenzen gesetzt Klarträume können Ihre realen Lebenserfahrungen erweitern und Ihnen das Selbstvertrauen vermitteln, auch im Wachzustand mit neuen Kunstformen zu experimentieren.

Nehmen Sie Verbindung zu Ihrem inneren Einstein auf

Assoziatives Denken und kreative Problemlösungsprozesse können in Klarträumen zur Höchstform auflaufen. Wenn Sie den Traum direkt um Hilfe bitten, werden Sie vielleicht eine innere Stimme hören, die Ihnen die Antwort zuraunt, oder Szenen und Bilder vor sich sehen, die Ihre Frage beantworten. Auch wenn nichts dergleichen geschieht, können Sie im Klartraum eine Tür in der Erwartung öffnen, dass sich die Antwort dahinter verbirgt. Klarträumer haben nachweislich kreative Unterstützung bei der Lösung der unterschiedlichsten Probleme erhalten, sei es bei der Entwicklung von Computerprogrammen oder Videospielen, im Gesundheitsbereich oder auf der Beziehungsebene.

Üben Sie die Wachversion des Klartraums

Probieren Sie meine luzide Schreibtechnik aus: Schließen Sie die Augen, richten Sie Ihre Aufmerksamkeit auf den Atem und entspannen Sie sich, bis Sie das Gefühl haben, dass sich ein leichter Trancezustand einstellt. Fokussieren Sie sich nun auf ein Klartraumbild; lassen Sie zu, dass es sich vor Ihrem inneren Auge bewegt und verwandelt. Sie können dieses mentale Bild lenken, wenn Sie möchten, oder einfach nur abwarten, was passiert.

Wenn Sie bereit sind, öffnen Sie die Augen, aber nur so weit, dass Sie notieren können, was Sie vor sich sehen. Schreiben Sie so schnell wie möglich, ganz spontan, ohne nachzudenken oder zu werten. Lassen Sie Ihrer Hand freien Lauf. Luzides Schreiben kann neue, innovative Ideen auslösen, künstlerische Blockaden beseitigen und bei der Bewältigung von Albträumen helfen. Außerdem macht es Spaß, die schöpferische Energie von Klarträumen zu erkunden.

KAUM ZU GLAUBEN, ABER WAHR

Der schottische Schriftsteller Robert Louis Stevenson entdeckte eine neuartige Methode zur Überwindung von Schreibblockaden. Er bat gezielt um einen Traum mit dem Inhalt seiner nächsten Geschichte. Bei einer solchen Gelegenheit hatte er einen Traum, der ihm die Grundlage für seinen weltberühmten Schauerroman *Der seltsame Fall des Dr. Jekyll und Mr. Hyde* lieferte.[30]

Vertrauen Sie Ihrem Traum

Das »perfekte Wissen«, über das wir alle verfügen, scheint im Wachzustand kaum zugänglich zu sein, doch durch Klarträume haben wir leichter Zugriff darauf und erhalten vielleicht sogar Einblick in die transpersonale kollektive Weisheit, die sich hinter dem Traum verbirgt.

Wenn wir einer Traumfigur in einem Klartraum eine Frage stellen, scheint diese an einen kleinen Aspekt unserer Psyche gerichtet zu sein, den diese Figur repräsentiert. Das bedeutet, dass die Antwort, die wir erhalten, naturgemäß begrenzt ist. Doch wenn wir die Frage an *den Traum selbst* richten (indem wir sie laut mit Blick auf den Himmel oder eine andere freie Projektionsfläche in unserem Traum aussprechen), könnte sich die Antwort aus einer umfassenderen und machtvolleren Quelle unseres Traumbewusstseins herleiten.

Deshalb möchte ich Sie ermutigen, auf die Weisheit des Unbewussten zu vertrauen. Natürlich nicht blind – wir sollten stets darauf achten, die oft symbolische Sprache des Unbewussten nicht allzu wörtlich zu nehmen –, aber wir können dennoch lernen, seine Ratschläge zu beherzigen, denn im luziden Zustand erleben wir nicht nur einen Traum, sondern die Kommunikation mit unserer inneren Weisheit.

Wenn es also bestimmte Probleme oder negative Denkmuster gibt, die Ihre Entwicklung im Wachzustand behindern, lassen sich diese schöpferisch im geschützten Raum Ihrer Träume erforschen. Im Klartraumzustand können wir jeder nur erdenklichen Frage auf den Grund gehen, beispielsweise: »Wie soll es beruflich mit mir weitergehen?«, wie die nächste Fallstudie zeigt, und Resultate erzielen, die Ihr Leben von Grund auf verändern.

Fallstudie: Karrierewechsel

Name: Nina, Großbritannien
Alter: 29 Jahre

Ninas Bericht: Ich hatte keinen blassen Schimmer, wie es beruflich mit mir weitergehen sollte. Ich hatte das Gefühl, als Tanzlehrerin in einer Sackgasse gelandet zu sein, obwohl mir der Job Spaß machte. Ich stellte nur fest, dass er Routine geworden war und mir keine echten Herausforderungen mehr bot. Ich hatte einige Klarträume und stellte dabei jedes Mal die Frage: Wie soll es beruflich mit mir weitergehen? Nach dem dritten Mal erhielt ich eine geniale Antwort.

Ninas Traumprotokoll: In meinem Traum befand ich mich in meinem Schlafzimmer. Ich blickte zum Fenster hinaus, stellte fest, dass es draußen anders aussah als sonst, und wusste, dass ich träumte. Ich flog zum Fenster hinaus und fragte den Traum: »Wie soll es beruflich mit mir weitergehen?« Dann glitt ich an dem Gebäude hinunter und blickte durch das Fenster in einen Raum. Dort sah ich ein ganz klares Bild vor mir – ich saß auf dem Boden, umgeben von Büchern, und las Kindern etwas vor. Dann wachte ich auf. Zunächst war ich ein wenig ratlos, aber dann nahm ich an, dass der Traum bedeutete, ich solle mit Kindern arbeiten.

»Mit diesem Traum im Hinterkopf begann ich mich für verschiedene Jobs im pädagogischen Bereich zu bewerben, jedoch ohne Erfolg. Ein paar Wochen später entdeckte ich zufällig, dass eine Grundschule ganz in meiner Nähe eine Lehrerin suchte. Die Kinder, die ich im Traum gesehen hatte, waren jünger, aber Arbeit mit Kindern war es allemal, und deshalb bewarb ich mich.

»Am Abend vor dem Vorstellungsgespräch hatte ich einen weiteren Klartraum. Im luziden Zustand fragte ich den Traum: Soll ich den Job annehmen? Plötzlich veränderte sich der Himmel über mir: Die Sterne nahmen eine neue Konstellation an, aus der unverkennbar das Wort »Ja« herauszulesen war. Daraufhin bat ich den Traum: Kannst du mir bitte helfen, eine Zusage zu bekommen?, und wieder formten die Sterne das Wort Ja, millionenfach. Es war atemberaubend. Und dann wachte ich auf.

Ninas Leben nach dem Traum: Am nächsten Tag ging ich zum Vorstellungsgespräch und erfuhr, dass die Stelle bereits vergeben war, aber man noch eine Betreuerin für die Gruppe der jüngeren Kinder suchte. Ich bewarb mich und bekam die Stelle. Ich liebe meine neue Aufgabe, und plötzlich macht alles Sinn. Ich verbringe den Tag damit, auf dem Boden zu sitzen und kleinen Kindern vorzulesen, genau wie in meinem Klartraum.

Als Nina mir diesen Traum in einer E-Mail schilderte, war ich zu Tränen gerührt. Dieses Fallbeispiel veranschaulicht nicht nur, dass unser Unterbewusstsein oft viel weiter und klarer sieht als unser Bewusstsein, sondern erinnerte mich auch an einen eigenen Traum, in dem ich mein Unterbewusstsein fragte, was ich mit meinem Leben anfangen sollte. Es riet mir, auf mich selbst zu vertrauen, mich nicht beirren zu lassen und meiner großen Leidenschaft, der Klartraumarbeit, zu folgen. Genau das tat ich. Klarträume können buchstäblich bewirken, dass Träume in Erfüllung gehen.

Nachdem wir nun eine ungefähre Vorstellung gewonnen haben, wie lebensverändernd und kreativ Klarträume sein können, ist es an der Zeit, zu unserer Toolbox zurückzukehren und uns mit einigen der wirkungsvollsten Techniken vertraut zu machen, die in Zusammenhang mit der Induktion von luziden Träumen stehen: Realitätstests, Weird-Technik und die Columbo-Methode zur Entwicklung des detektivischen Spürsinns!

3. Toolbox: Genau hinsehen

Die Fähigkeit, uns in unseren Träumen der Tatsache bewusst zu werden, dass wir träumen, lässt sich erlernen; sie basiert auf der Erkenntnis, dass die vermeintliche Realität in Wirklichkeit ein Traum ist. Um unsere Wahrnehmung zu schärfen, müssen wir anfangen, sowohl im Traum als auch im Wachleben *genau hinzusehen.*

Der nächste Abschnitt scheint den Anforderungen einer Toolbox nicht ganz zu entsprechen. Danach liefere ich Ihnen die Erklärung, die Sie ein wenig verrückt finden könnten. Doch dann haben Sie vielleicht einen Traum, in dem Sie *genau das* erleben. Sie dürfen mir gerne eine E-Mail schicken, auch um 4 Uhr morgens, und schreiben: »Sie sind nicht verrückt! Ich habe gesehen, wie sich meine Hand verändert hat!« Ich werde es Ihnen erklären.

Realitätstests

Eine der gebräuchlichsten Einstiegsmöglichkeiten in einen Klartraum ist die Entdeckung eines Traumzeichens. Doch selbst wenn Sie ein Traumzeichen erkannt haben und ziemlich sicher sind, dass Sie träumen, erscheint das Szenario manchmal so realistisch, dass Sie einfach nicht glauben können, in einem Traum zu sein. In solchen Situationen brauchen Sie einen Realitätstest, auch Reality-Check oder kurz RC genannt.

Dr. Stephen LaBerge und Forscher vom Lucidity Institute in Kalifornien haben wissenschaftlich nachgewiesen, dass der menschliche Geist buchstäblich unfähig ist, bestimmte Dinge im präluziden Traumzustand (bevor man sich bewusst wird, dass man träumt) in allen Einzelheiten zu kopieren. Sie lassen sich also verwenden, um Gewissheit zu erlangen, ob man wach ist oder träumt. Realitätstests finden fast immer im präluziden Zustand statt, weil wir noch klar genug denken können, *Ich sollte überprüfen, ob ich mich im Traum oder in der Realität befinde*, aber den luziden Zustand schon fast erreicht haben.

Es gibt verschiedene Realitätstests, aber ich möchte Ihnen drei vorstellen, die ich persönlich bevorzuge:

- Hand-RC: Zwei Mal in rascher Abfolge die ausgestreckte Hand betrachten und beobachten, ob sie sich in irgendeiner Weise verändert hat.
- Lese-RC: Zwei Mal hintereinander denselben Text lesen und beobachten, ob er sich verändert hat.
- Objekt-RC: Digitale oder elektrische Geräte zur Überprüfung verwenden und beobachten, ob sie sich verändert haben oder noch ordnungsgemäß funktionieren.

Im Traum arbeitet unser Gehirn auf Hochtouren, um die Projektion unserer detaillierten Traumlandschaft in Echtzeit aufrechtzuerhalten, und obwohl es diese Kunst erstaunlich gut beherrscht, fällt es ihm im präluziden Zustand oft schwer, die Einzelheiten eines vielschichtigen Bildes zwei Mal in rascher Abfolge genau zu kopieren (beispielsweise einen Textabschnitt oder eine ausgestreckte Hand). Wenn wir also eine solche Kopie einfordern, liefert uns das Gehirn ein Bild, das der Realität nahe kommt, sie aber nicht hundertprozentig perfekt wiedergibt. Das Aufspüren dieser Ungenauigkeiten schärft die Wahrnehmung und das Bewusstsein, dass es sich um einen Klartraum handelt.

MACHEN SIE DEN REALITÄTSTEST

Schauen wir uns die drei Realitätstests ein wenig genauer an:

Hand-RC

Wenn Sie das Gefühl haben, zu träumen, aber nicht hundertprozentig sicher sind, schauen Sie sich *im Traum* Ihre ausgestreckte Hand an. Sie wenden den Blick kurz ab und schauen dann wieder hin. Alternativ können Sie auch beobachten, was passiert, wenn Sie Ihre Hand hin- und herdrehen. In beiden Fällen fällt es dem Gehirn schwer, eine exakte Kopie Ihrer Hand zu erzeugen; bei genauem Hinsehen entdecken Sie vielleicht, dass sie eine seltsame Form angenommen hat, ein oder zwei Finger fehlen oder dass sie fleckig oder irgendwie verändert aussieht.

Wenn Sie Ihre Hand zwei Mal hintereinander anschauen, versucht das träumende Gehirn, ein identisches Bild zu erzeugen, doch ihm fehlt die Verarbeitungskapazität, die für eine exakte Kopie erforderlich ist. Es gibt unzählige Variationen, doch das Ergebnis ist immer einzigartig: Wenn Sie wirklich *erwarten,* dass sich Ihre Hand verändert, *verändert* sie sich.

Der Hand-Check ist ein Realitätstest, den man sich manchmal nur schwer vorstellen kann, deshalb erläutere ich noch einmal die einzelnen Schritte:

- Sie befinden sich in einem Traum, etwas Merkwürdiges geschieht und Sie glauben, dass Sie möglicherweise träumen. Um festzustellen, ob dem so ist, schauen Sie Ihre Hand an, drehen sie um (in der Erwartung, dass sich irgendetwas daran verändert, wenn Sie träumen), und wenn Sie tatsächlich träumen, sieht sie nach dem Zurückdrehen vermutlich anders aus.

- Das menschliche Gehirn ist im Traumzustand sehr kreativ (meine Hand hat sich einmal in einen Babyelefanten verwandelt und drei neue Finger dazubekommen!), versteht sich aber nicht gut darauf, Dinge bis ins kleinste Detail zu kopieren. Hände bestehen aus zahlreichen Einzelteilen, sodass Fehler an der Tagesordnung sind.

Lese-RC

Im Klartraum ist es buchstäblich unmöglich, ein und denselben Text zwei Mal unmittelbar hintereinander zu lesen. Bei LaBerges Laborexperimenten stellte man fest, dass sich der Text in 75 Prozent der Fälle veränderte, wenn die Versuchspersonen ihn im Klartraumzustand lasen, und in 95 Prozent der Fälle während des zweiten Durchgangs.[31]

Wenn Sie sich also in einem Traum befinden und zu träumen glauben, versuchen Sie, etwas zu lesen. Der Text ist oft unverständlich, bewegt sich beim Lesen hin und her oder verblasst vollständig. Das sind untrügliche Anzeichen dafür, dass Sie träumen.

Objekt-RC

Dem menschlichen Gehirn fällt es im Traum nicht nur schwer, Texte haargenau zu reproduzieren, sondern auch ein hochdetailliertes Smartphone-Display oder die Einzelheiten auf einem Computerbildschirm zu kopieren, die in präluziden Träumen oft verschwommen oder verwandelt erscheinen.

Es mag verrückt klingen, aber im Traum ist es oft unmöglich, die Ziffern einer digitalen Uhr zu erkennen, digitale oder elektrische Geräte zu bedienen oder eine Lampe ein- und auszuschalten. Das liegt daran, dass man beim Einschalten eines Lichts im Traum das Gehirn auffordert, eine genaue Kopie herzustellen und sie in die Traumlandschaft zu projizieren, in eine Kulisse mit völlig anderen Licht- und Schattenverhältnissen, buchstäblich auf Knopfdruck. Dieses Kunststück gelingt ihm so gut wie nie.

Wenn Sie also zu träumen glauben, aber hundert Prozent sicher sein wollen (bevor Sie zu fliegen versuchen), richten Sie Ihren Blick zwei Mal in rascher Abfolge auf irgendein Objekt mit einem komplizierten Muster, beispielsweise Ihre Hände; verändert es sich, wissen Sie, dass Sie sich definitiv in einem Traum befinden.

Obwohl sich in unseren Träumen viele Gelegenheiten für einen Realitätstest ergeben, wird er oft nur dann durchgeführt, wenn wir ein Traumzeichen entdecken und Gewissheit darüber haben wollen, ob wir gerade wachen oder träumen. Sie können den Prozess beschleunigen, wenn Sie sich angewöhnen, Realitätstests *im Wachzustand* durchzuführen. Das ist die Grundlage der Weird-Technik, eine täuschend einfache Methode, der ich einen Großteil meiner Klarträume verdanke. Dabei gehen Sie folgendermaßen vor:

DIE WEIRD-TECHNIK

- Immer dann, wenn in Ihrem Alltagsleben etwas Ungewöhnliches geschieht, wenn innere und äußere Ereignisse, die in keinem Kausalzusammenhang stehen, synchron verlaufen, wenn Sie ein Déjà-vu-Erlebnis hatten, wenn Sie seltsame Zufälle oder andere traumähnliche Anomalien beobachten, fragen Sie sich: »Träume ich?« Beantworten Sie die Frage mithilfe eines Realitätstests.
- Wenn Sie sich angewöhnen, im Verlauf des Tages Realitätstests durchzuführen (sobald Sie irgendetwas Seltsames bemerken), wird dieses neue Verhaltensmuster schon nach kürzester Zeit Eingang in Ihre Träume finden. Wenn

Sie Ihre Hand im Traum überprüfen, verändert sie sich und Sie wissen, dass es sich um einen Traum handelt!

- Wovon träumen Sie nachts, wenn Sie den ganzen Tag lang Kartons gepackt haben? Sie packen auch im Traum Kartons, richtig? Wenn Sie also tagsüber immer wieder Realitätstests vornehmen, träumen Sie vermutlich auch in der Nacht davon. Doch nun deutet der Realitätstest darauf hin, dass Sie träumen und sich auf dem besten Weg befinden, in den Klartraumzustand zu gelangen.

Moment, wie war das nochmal?

Immer wenn Sie in Ihrem Alltag etwas Seltsames oder Unerwartetes sehen, halten Sie einen Augenblick inne und überlegen: *Halt, das ist ja merkwürdig, wäre es möglich, dass ich gerade träume?* Dann führen Sie einen Realitätstest durch, und solange Ihre Hand keine zusätzlichen Finger aufweist oder sich in einen Babyelefanten verwandelt, können Sie sicher sein, dass Sie definitiv nicht träumen. Wenn Sie daraus eine Gewohnheit machen, findet der Realitätstest auch in Ihre Träume Einlass, doch dann *verändert* sich Ihre Hand und Sie wissen, dass Sie träumen.

Das nachfolgende Beispiel ist ebenso anschaulich wie amüsant. Ein Freund von mir, ein buddhistischer Mönch, nahm unlängst an einer konfessionsübergreifenden Tagung teil. Ein anderer Teilnehmer, ein junger Klarträumer, erspähte ihn (die Kleidung, der geschorene Kopf und die innere Ruhe und Gelassenheit des Mannes kamen ihm *seltsam* vor) und führte einen Hand-RC durch.

Mein Freund, der Mönch – der weiß, was es mit dem Klarträumen und der Weird-Technik auf sich hat – dachte bei sich, *Seltsam, ich bin offenbar Gegenstand eines Realitätstests,* und führte umgehend einen ähnlichen Realitätstest durch, um zu überprüfen, ob *er* träumte! Verrückt, oder?

KAUM ZU GLAUBEN, ABER WAHR

Der Klartraumexperte Daniel Love hat ausgerechnet, dass »elf Prozent unserer täglichen mentalen Erfahrungen im Traum entstehen«. Er sagt: »Nur um das klarzustellen, es handelt sich nicht um elf Prozent der Schlafaktivität, sondern um elf Prozent der gesamten Erfahrungen, die wir an jedem einzelnen Tag machen.«[32] Das bedeutet, dass wir jedes Mal, wenn wir die Weird-Technik anwenden, eine Chance von ungefähr 1 : 10 haben, wirklich zu träumen.

Schärfen Sie Ihre Wahrnehmung und überprüfen Sie die Fakten

Keine Realitätstest-Technik wirkt immer, und nicht jeder Traum ist mit offensichtlichen Traumzeichen gespickt. Was also tun, wenn sich Ihre Hand nicht verändert, Sie aber trotzdem sicher sind, zu träumen? Wie entdecken Sie ein Traumzeichen, wenn es nichts dergleichen zu geben scheint? Nun, Sie können Ihr Notizbuch herausnehmen, ein Auge zukneifen und sagen: »Da war doch noch was …«

Denken Sie, wenn möglich, an die 1970er-Jahre zurück, als der TV-Inspektor Columbo im Morddezernat der Polizei von Los Angeles für Furore sorgte. Er war kein geschniegelter Forensiker, besaß aber einen messerscharfen Verstand, der jedes Detail des Tatorts registrierte, während er Fakten überprüfte und einen Fall genau unter die Lupe nahm. Ihm sollten wir nacheifern, wenn wir dem Rätsel des luziden Traums auf die Spur kommen wollen.

DIE COLUMBO-METHODE: FÜNF SCHRITTE ZUR ENTWICKLUNG DES DETEKTIVISCHEN SPÜRSINNS

Die Columbo-Methode stützt sich grundlegend auf eine scharfe Beobachtungsgabe. Und so wird sie angewendet:

1. Wenn Sie das Gefühl haben, zu träumen, suchen Sie die Traumlandschaft nach entsprechenden Hinweisen ab und berühren Sie Dinge, die sich darin befinden. Der Traumzustand kann verblüffend realistisch erscheinen, doch bei genauem Hinsehen sind Sie oft imstande, Ungereimtheiten zu entdecken und zu erkennen, dass Sie träumen.
2. Betrachten Sie die Traumlandschaft aufmerksam und fragen Sie sich, *Wie bin ich hierher gelangt? Wo war ich vorher? Woran kann ich mich als Letztes erinnern?*
3. Um die Columbo-Methode »im Schlaf« zu beherrschen, empfiehlt es sich, sie auch während des Tages zu üben. Nehmen Sie sich im Verlauf des Tages hin und wieder Zeit, oder planen Sie zehn Minuten am Tag ein, um die Beschaffenheit Ihrer Umgebung unter die Lupe zu nehmen und nach Anzeichen traumähnlicher Phänomene abzusuchen.
4. Jedes Mal, wenn Ihre Ermittlungen im Zuge der Columbo-Methode auch während des Tages zu neuen Entdeckungen führen *(Ich hatte erwartet, dass sich die Rinde dieses Baumes anders anfühlt)* und Sie denken, *Das ist ja seltsam,* machen Sie einen Realitätstest. Schon bald werden Sie diese Gewohnheit auch im Traum fest verankern.
5. Wir träumen genauso wie wir leben. Wenn wir also in unserem Alltag mehr Achtsamkeit entwickeln, werden wir auch im Traum achtsamer sein.

TIPPS VON PROFIS: WIE SIE DETEKTIVISCHEN SPÜRSINN IN IHREM LEBEN ENTWICKELN, VON DANIEL LOVE

Bleiben Sie achtsam

Das wichtigste Rätsel, das wir zu lösen versuchen, ist die Frage: »Träume ich?« Doch sie zu beantworten ist ein fortwährendes Abenteuer, bei dem es viele Wege zu erkunden gibt. Wir sollten versuchen, in jedem Bereich unseres Lebens achtsam zu bleiben – sowohl im Wachzustand als auch im Traumzustand –, wenn wir Geheimnisse ergründen wollen.

Benutzen Sie Ihr Toolkit

Wie jeder Detektiv bestätigen kann, braucht man bestimmte mentale Mittel und Methoden, um der Wahrheit auf die Spur zu kommen. Gewöhnen Sie sich an, achtsam zu sein, Dinge kritisch zu hinterfragen, logisch zu denken, klare Schlussfolgerungen zu ziehen, aufmerksam zu beobachten und Daten oder Fakten zu sammeln, um sich ein besseres Bild zu machen. Diese Fähigkeiten sollten Teil des Detektiv-Instrumentariums sein. Hier gilt das Gleiche wie beim Muskelaufbau: Je mehr Sie trainieren, desto besser die Ergebnisse.

Hinterfragen Sie alles

Es ist oft leichter, etwas für bare Münze zu nehmen, doch genau diese Denkfaulheit führt zu nicht-luziden Träumen. Also haken Sie nach: Hinterfragen Sie, was man Ihnen erzählt, hinterfragen Sie Ihre eigenen Annahmen, hinterfragen Sie vermeintliche Fakten, hinterfragen Sie alles.

Erweitern Sie Ihr Wissen

Gewöhnen Sie sich an, nach Antworten zu suchen und nach Fakten Ausschau zu halten. Betrachten Sie das Leben als Klassenzimmer, als einen Ort fortwährender Lernprozesse. Machen Sie sich darauf gefasst, neue Denkweisen zu entdecken und alte Vorstellungen gelegentlich über Bord zu werfen. Das hat außerdem zur Folge, dass Sie als Mensch interessanter werden.

Suchen Sie nach Hinweisen

Als Detektiv brauchen Sie ein scharfes Auge und eine gewisse Gier nach Indizien, da Sie nie sicher sein können, wohin die Spuren letztlich führen. Wenn Sie schließlich wissen, dass Sie träumen, ist das nur die Spitze des Eisbergs. Es ist an Ihnen, zu entscheiden, ob Sie sich auf ein Abenteuer einlassen, das Ihr Bewusstsein für die Wunder des Universums öffnet.

Charlies Toolbox-Checkliste

- Wenn Sie sich in einem Traum befinden und wissen, dass Sie träumen, ist das fantastisch, aber wenn Sie eine zusätzliche Bestätigung brauchen, dass Sie definitiv träumen (ehe Sie vom Felsvorsprung abfliegen), sollten Sie im Traum einen Realitätstest durchführen.
- Gewöhnen Sie sich an, auch im Wachzustand Realitätstests durchzuführen, sobald Sie etwas Seltsames, Unwirkliches sehen (zehn Mal am Tag oder öfter, wenn möglich).
- Nehmen Sie Ihr Leben genau unter die Lupe wie Columbo. Sie haben maximal hundert Jahre zur Verfügung, um Ihren Weg zu gehen, also vergeuden Sie keine Zeit damit, die Welt mit Scheuklappen zu betrachten! Seien Sie achtsam: Schärfen Sie Ihre Beobachtungsgabe und erken-

nen Sie, wie traum-haft das »wirkliche« Leben ist. Dabei werden Sie feststellen, dass auch Ihr Traumleben traumhaft ist.

- Vergessen Sie nicht, Ihr Traumtagebuch weiterzuführen und Ausschau nach Ihren Traumzeichen zu halten.

Zweiter Teil

Tiefgang

Traut den Träumen, denn in ihnen ist
das Tor zur Ewigkeit verborgen.
Khalil Gibran

Vier

Archetypen, Albträume und der Schatten

Der berühmte Schweizer Psychiater Carl Gustav Jung beobachtete bei seinen Patienten, dass diese zwar oft von ihrem Alltag träumten, der Inhalt ihrer Träume und Fantasien sich jedoch nicht auf ihre Alltagserfahrungen beschränkte. Er sah, dass sie sich häufig in einem Reich uralter Symbole bewegten, die ihnen im bewussten Zustand unbekannt waren.

Die Träume und Fantasien seiner Patienten beinhalteten oft mythologische Themen aus Kulturen, die ihnen völlig fremd waren und zu Zeiten existierten, als noch keiner ihrer Vorfahren geboren war. Diese Beobachtungen führten dazu, dass Jung das Konzept der »Archetypen« und des »kollektiven Unbewussten« entwickelte, zwei seiner wichtigsten Beiträge zur Psychologie.

Archetypen und das kollektive Unbewusste

Jung erkannte, dass bestimmte Trauminhalte transpersonal waren, sich also nicht aus dem *persönlichen* Unbewussten jedes einzelnen Menschen, sondern aus dem sogenannten *kollektiven* Unbewussten herleiteten: einem gigantischen Speicher menschlicher Urerfahrungen, deren Themen und Motive sich in sämtlichen Kulturen und geschichtlichen Epochen finden. Das kollektive Unbewusste wurde als »uraltes Archiv mit lang gehegten Erinnerungen aus der Geschichte der Menschheit«[33] beschrieben, das Teil unserer Persönlichkeit ist.

C. G. Jung bezeichnete die Themen, die aus dem zeitlosen Reich des kollektiven Unbewussten auftauchen, als »Archetypen«. Archetypen symbolisieren universell existierende Aspekte des Unbewussten. Sie repräsentieren »die Inhalte des kollektiven Unbewussten und haben eine machtvolle Wirkung auf das Individuum«, weil ihre Funktion darin besteht, eine Verbindung zwischen dem Unbewussten und dem Bewusstsein herzustellen.[34]

Rein theoretisch gibt es eine unbegrenzte Anzahl Archetypen, doch einige tauchen in den Träumen der Menschen so häufig auf, dass sie zu den Hauptstützen der Psychologie C. G. Jungs wurden. Jeder Archetypus stellt »eher ein Thema als ein klar definiertes Konzept dar«[35], doch bestimmte Themen tauchen im menschlichen Bewusstsein immer wieder auf, überall auf der Welt.

Zu den Archetypen, denen wir in den meisten Kulturen begegnen, gehören »der Weise« (er repräsentiert spirituelle Führung, Wissen, Weisheit), »die Mutter« (umsorgend, tröstend, weiblich), »das Selbst« oder »höhere Selbst«[36] (die innere Vereinigung mit dem Seelenbild) und »der Schatten« (verdrängte oder verleugnete Persönlichkeitsaspekte / psychische Inhalte).[37] Jung war überzeugt, dass Archetypen »die individuelle Psychologie des Träumenden überschreiten«[38] und auf übergeordnete universelle Motive hindeuten. Er erklärte, dass ein Phänomen, das für alle menschlichen Gemeinschaften charakteristisch zu sein scheint, einen Archetypus des kollektiven Unbewussten darstellt.[39]

KAUM ZU GLAUBEN, ABER WAHR

C. G. Jung stellte die Welt der Psychologie nicht nur auf den Kopf, sondern hatte auch einen ungeheuren, wenngleich oft übersehenen Einfluss auf die Sprache. Heute gebräuchliche Begriffe und Konzepte wie »introvertiert« und »extrovertiert«, »Komplex« und »Archetypus« wurden entweder von ihm geprägt oder durch ihn einer breiten Öffentlichkeit bekannt. Dazu gehört auch das Wort »Synchronizität«, das Situationen kennzeichnet, in denen Begebenheiten in der Außenwelt in solchem Maß ein Spiegelbild innerseelischer Vorgänge zu sein scheinen, dass man von einem bedeutsamen Zufall spricht.

Begegnung mit dem Schatten

Einer der einzigartigen Aspekte des Klarträumens ist die Möglichkeit, mit unseren inneren Archetypen in Kontakt zu treten, die oft in personifizierter Form erscheinen. Das bedeutet, wir können diesen wirkmächtigen Anteilen unserer eigenen Psyche auf sehr reale Weise begegnen, uns mit ihnen anfreunden und in das Kraftfeld eintreten, das ihnen innewohnt. Das ist eines der größten Potenziale von luziden Träumen.

Natürlich können wir auch im Wachzustand mit unseren inneren Archetypen in Kontakt treten, beispielsweise durch Visualisierung, eine aktive Vorstellungskraft und Hypnose. Aber sosehr wir diese Praktiken auch vertiefen, wir werden selten einer personifizierten Manifestation des Archetyps gegenüberstehen, die zu einem Dialog bereit wäre. Im Klartraum ist dies jedoch sehr wohl möglich: Sie können Ihrem inneren Kind begegnen, ein Gespräch mit dem »Weisen« führen und sogar der Energie Ihres höheren Selbst begegnen, dem »Archetyp aller Archetypen«.

Jung glaubte, dass die Begegnung mit dem höheren Selbst »eine direkte Kommunikation mit der zeitlosen, zellulären Weisheit in den verborgenen Dimensionen des menschlichen Geistes ermöglicht«,[40] doch in Klarträumen arbeite ich am liebsten mit dem Archetyp des Schattens.

Der Schatten ist ein Jung'sches Konzept, mit dem Aspekte des Unbewussten beschrieben werden, die sich aus den unerwünschten Anteilen unserer Psyche zusammensetzen, Aspekte, von denen wir uns distanziert, die wir zurückgewiesen, unterdrückt oder geleugnet haben. Der Schriftsteller Robert Bly bezeichnete sie als »Gepäck, das wir hinter uns herziehen«; es enthält alle Themen, denen wir uns nicht stellen wollen: traumatische Erfahrungen, Ängste, Tabus, Perversionen und vieles mehr.

Es heißt, der Schatten sei der einzige Archetypus, der nicht angeboren sei. Jedes Mal, wenn wir einen unliebsamen Anteil unserer Persönlichkeit unterdrücken oder leugnen, erschaffen wir unseren Schatten. Das beginnt in der Kindheit oft damit, dass wir uns unserer eigenen Nacktheit schämen, wenn wir merken, dass andere missbilligend darauf reagieren. Viele von uns leiten daraus die Botschaft »Nacktsein ist schlecht« ab, und so distanzieren wir uns von unserer Nacktheit und verbannen sie in das Schattenreich, in den »Keller des Unannehmbaren«, wo sich ihr bald weitere verwerfliche Eigenschaften wie Wut oder Habgier zugesellen, die offen zu zeigen sich für »brave« kleine Jungen oder Mädchen nicht schickt, wie man uns von Kindesbeinen an einbläut.

Der Schatten enthüllt sich am deutlichsten in Träumen und Albträumen. In Klarträumen bietet sich die Möglichkeit, den abgespaltenen Inhalt wieder zu integrieren, ihn buchstäblich mit offenen Armen aufzunehmen. Den Schatten im Klartraum zu akzeptieren bedeutet, dass wir uns die »dunkle

Seite« unserer Persönlichkeit zu eigen machen, ihre Energie umwandeln und unsere Grenzen überwinden, um in einen Bereich zu gelangen, in dem wir eine psychische Ausgewogenheit auf der tiefsten Ebene unseres Seins erleben.

KAUM ZU GLAUBEN, ABER WAHR

Obwohl dem Schatten oft negative Bedeutung zugesprochen wird, haben wir auch einen positiven Schatten: positive Eigenschaften, die wir ebenso wenig als Persönlichkeitsanteil akzeptieren. Beispielsweise könnten wir in der Kindheit unser Tanztalent oder unsere Ausstrahlungskraft als unliebsam empfunden und diese Aspekte verdrängt haben. Im Erwachsenenalter stellen wir vielleicht fest, dass sich diese positiven Ausdrucksmöglichkeiten des Schatteninhalts offenbaren, wenn wir mit der Arbeit an unserer Psyche beginnen.

Ich arbeite gerne mit dem Schatten. Er wird oft falsch gedeutet, gilt als Verkörperung des Bösen oder als dämonische Präsenz, die sowohl getrennt von uns existiert als auch schädlich für uns ist. Das führt zur Vergeudung nützlicher Lernprozesse und verleitet dazu, unsere Energie in Strategien zu investieren, um ihn zu bekämpfen. Doch in Wirklichkeit ist der Schatten weder ein äußeres noch ein unheilvolles Phänomen. Er repräsentiert lediglich die *dunkle Seite* unserer Persönlichkeit – ein »Reservoir für Verdrängtes«, aber dennoch einen Aspekt unseres Selbst, den Jung als »Sitz jeglicher Schöpferkraft« [41] beschrieb.

Der Schatten ist ein Teil von uns, und erst wenn wir akzeptieren, dass er sich nicht aus einem »äußeren« Übel, sondern aus einer inneren Quelle der schöpferischen Energie speist, können wir die abgesprengten Anteile unserer Persönlichkeit integrieren und »Ganzheit« als menschliche Wesen erlangen.

Wie mein Lehrer Rob Nairn einmal sagte: »Der Schatten ist eine sehr gute Nachricht!«

Ganzheit auf der psychischen Ebene beinhaltet den Prozess, unseren Schattenanteilen auf die Spur zu kommen, mit dem Ziel, sie in unser Selbst zu integrieren und zu assimilieren, was Jung als »Individuation« bezeichnete. Das ist eines der höchsten Ziele psychischer Arbeit. Klarträume bieten uns eine Möglichkeit, mit so tiefen Ebenen unserer Psyche in Kontakt zu treten, dass wir morgens mit einem völlig anderen Gefühl als am Vortag aufwachen. Durch die Integration unserer Schattenanteile verwandeln wir einen vermeintlichen Dämon in das, was er immer war – unseren göttlichen Geist oder das, was man früher *daimones* nannte, ein Mittelding zwischen Göttern und Menschen.

Einer meiner Freunde, ein Psychotherapeut, war verblüfft über das Potenzial von Klarträumen in diesem Zusammenhang. Er erklärte: »Es bedarf manchmal monatelanger Therapie, ehe ein Patient innere Archetypen wie den Schatten und das innere Kind überhaupt zur Kenntnis nimmt, geschweige denn, sich mit diesen beiden Personifikationen auseinandersetzt! Klarträume könnten in dieser Hinsicht alles verändern.«

MÖCHTEN SIE DAS THEMA VERTIEFEN?

Um Ihre persönlichen Schattenanteile zu erforschen, sollten Sie sich einen Augenblick Zeit nehmen, um über Anteile Ihrer Persönlichkeit nachzudenken, die Sie unannehmbar finden und verheimlichen möchten. Vielleicht handelt es sich um Aspekte Ihrer Sexualität, die andere missbilligen könnten, Wutgefühle oder traumatische Erfahrungen. Es können aber auch positive Eigenschaften wie eine wunderbare Singstimme oder eine angeborene Hochbegabung sein, ein Licht, das Sie bisher unter den Scheffel gestellt haben, um nicht als »Besserwisser« abgestempelt zu werden. Wenn es einen Teil Ihrer Persönlichkeit gibt, den Sie nicht akzeptieren oder vor anderen verbergen, können Sie sicher sein, dass er einen Aspekt Ihres Schattens darstellt.

Wir sollten uns also ein Herz fassen und uns mit denjenigen Archetypen auseinandersetzen, die wir in den Keller verbannt haben. Dazu müssen wir uns in einen Bereich begeben, der zu ihrem angestammten Territorium gehört: Albträume.

Luzide Albträume

Hatten Sie jemals einen Albtraum, in dem Sie gedacht haben *Aufwachen! Ich möchte sofort aufwachen!*? Wenn ja, war dieser Albtraum ein Klartraum, denn der Wunsch aufzuwachen ist ein indirektes Eingeständnis, dass es eine andere Welt gibt, in der Sie in diesem Moment lieber wären. Albträume sind typische Klartraumszenarien, und viele (mehr als ein Drittel der Befragten) haben erst durch Alb- oder Angstträume einen Vorgeschmack auf das Klarträumen bekommen.

Aber warum führen Albträume so häufig zu Klarträumen? Stellen Sie sich vor, Sie wären wie von Zauberhand imstande, durch die Seiten dieses Buches zu reisen, herauszuspringen und in Ihrem eigenen Schoß zu landen. Angesichts dieser Erfahrung würden sich Ihre Augen vermutlich vor Schreck weiten, Ihr kleinen grauen Zellen würden auf Hochtouren arbeiten und Ihre Aufmerksamkeit wäre geschärft. (Ich hoffe, Sie haben den Blick danach auf Ihre Hände gerichtet und sich gefragt: *Träume ich?*)

Untersuchungen haben gezeigt, dass die erhöhte Aufmerksamkeit, die mit Angst einhergeht, ein evolutionäres Merkmal ist, das dem Menschen ermöglicht, auf eine potenzielle Bedrohung zu reagieren. Jedes Mal, wenn wir uns also im Traum bedroht fühlen oder Angst empfinden, wird unsere Aufmerksamkeit gleichermaßen gebündelt und gesteigert, was zu einem vollbewussten Realitätsgefühl im Klartraum führen kann.

Für manche Menschen stellen chronische Albträume eine schwerwiegende Belastung dar, die sich oft nicht nur auf die Schlafqualität, sondern auf die gesamte Lebensqualität auswirkt. Die gute Nachricht ist: Wenn Sie einen Albtraum in vollbewusstem luzidem Zustand erleben, bietet sich eine erstklassige Gelegenheit, traumatische Erfahrungen zu verarbeiten und Schattenanteile zu integrieren.

Die Techniken des Klarträumens eignen sich, wie ich in meinen Workshops immer wieder feststellen konnte, besonders für Menschen, die unter einer posttraumatischen Belastungsstörung leiden – beispielsweise Kriegsveteranen, Opfer von Terroranschlägen oder von Missbrauch in der Kindheit. Bei entsprechendem Training können sich die Betroffenen nicht nur konstruktiv mit ihren Albträumen auseinandersetzen, sondern, gleichermaßen wichtig, auch eine ganz neue Schlaf- und Traumperspektive entwickeln, die Albträume nicht als Angriff, sondern als Hilferuf des Unterbewusstseins betrachtet.

DER WISSENSCHAFTLICHE ASPEKT

Diese Thesen werden von wissenschaftlichen Erkenntnissen untermauert. Eine Studie aus dem Jahre 1997, bei der fünf an chronischen Albträumen leidende Versuchspersonen Klartraumtechniken erlernten, ergab, dass »die Albträume in allen fünf Fällen abgeschwächt wurden« und »Behandlungen, die auf der Einleitung von Klarträumen basieren, von therapeutischem Nutzen sein können«.[42] Eine Nachfolgestudie ein Jahr später ergab, dass »vier der fünf Probanden nicht länger unter Albträumen litten und beim fünften Intensität und Häufigkeit der Albträume nachließen«.[43]

Eine Studie aus dem Jahr 2006 mit dem Titel »Klarträume zur Behandlung von Albträumen« schloss, dass »Klartraumtraining bei der Verringerung der Häufigkeit von Albträumen effektiv zu sein scheint«,[44] und 2009 hieß es bei einer Tagung der Europäischen Wissenschaftsstiftung, dass es ein wirkungsvoller »Therapieansatz bei Albträumen« sein kann.[45]

Laut einer 2009 in Brasilien durchgeführten Studie können Klarträume »als Therapie für posttraumatische Belastungsstörungen« genutzt werden.[46]

Leider blieben weitere wissenschaftliche Untersuchungen zu dieser Behandlungsoption bei wiederholten Albträumen aus. Was die Frage nahelegt, warum das Klartraumtraining angesichts der bisherigen Forschungsergebnisse, die seine Heilkraft bestätigen, noch keinen Eingang in die Mainstream-Medizin gefunden hat. Vielleicht liegt es daran, dass ein Klartraumtraining über das übliche Aufgabenspektrum von Gesundheitsdienstleistern hinausgeht. Oder weil die Nutzung einer kostenlosen Therapiemethode wie Klarträumen nicht im Interesse der Pharmakonzerne ist, die davon profitieren, dass Tausende von Menschen unter chronischen Albträumen leiden.

In meinen Albträumen wird mir plötzlich bewusst, dass ich träume – und was nun?

Die meisten Leute, denen in einem Albtraum bewusst wird, dass sie träumen, versuchen krampfhaft, sich aufzuwecken. Eine logische Reaktion, doch damit verpasst man eine einmalige Chance, sich mit dem mentalen Trauma oder der Angst, die den Albtraum verursacht, konstruktiv auseinanderzusetzen und den Schatteninhalt zu integrieren, sodass der Albtraum möglicherweise ständig wiederkehrt.

Wenn man das Glück hat, im Albtraum luzid zu werden, sollte man *so lange wie möglich in diesem Szenario bleiben* und sich vor Augen halten, dass alles, was darin geschieht, nur eine Projektion des eigenen Geistes ist und keinerlei Schaden anzurichten vermag. Durch eine solche Veränderung der Perspektive lässt sich ein grundlegender Einstellungswandel herbeiführen, der dem Albtraum zu verstehen gibt: »Ich sehe dich und begreife, dass du ein Produkt meines Verstandes bist, das wahrgenommen werden möchte.«

Paradox ist, dass der Albtraum angesichts dieser unmittelbaren Auseinandersetzung nicht an Intensität gewinnt, sondern verliert. Wenn wir Licht ins Dunkel bringen und die Quelle ermitteln, aus der sich der Schatten speist, erkennen wir, dass diese Quelle oder Ursache oft viel kleiner ist als der Schatten, den sie wirft.

Der Albtraum will uns nicht verletzen – er will unsere Aufmerksamkeit wecken und uns zeigen, welche Aspekte unserer Psyche der Heilung bedürfen. In vielen Fällen ist der Albtraum lediglich ein Weckruf: »Sieh hin! Tu etwas! Hier ist deine Aufmerksamkeit gefordert!« Der Ruf wird immer lauter und häufiger, bis wir bereit sind, das, was er uns vor Augen führt, objektiv anzuschauen und mitfühlend zu akzeptieren.

Wenn ein Albtraum diese Botschaft der Akzeptanz erhalten hat, löst er sich oft spontan auf und kehrt nie mehr zurück. Warum? »Sehen ist Handeln«, wie bereits gesagt, und da wir den Albtraum objektiv anschauen und ihn ohne Werturteil als nicht-integrierten Ausdruck unseres inneren Schattens (statt als äußeren Dämon) betrachten, können wir seine Energie akzeptieren und integrieren.

Es gibt noch eine weitere Option: Sobald wir luzide sind, können wir den Albtraum aktiv begrüßen, statt ihn lediglich zur Kenntnis zu nehmen. Wenn die Ursache unseres Albtraums beispielsweise ein Mann mit einer schwarzen Kapuze ist, der uns verfolgt, können wir ihm im Traum entgegengehen und ihn umarmen – die Umarmung ist der ultimative symbolische Ausdruck uneingeschränkter Akzeptanz. (Wenn der Albtraum eher durch ein Gefühl ausgelöst wird, würde die feste Absicht genügen, dieses Gefühl zu akzeptieren oder zu begrüßen.)

Und uns steht noch eine dritte Möglichkeit offen: Wir können die Schattenaspekte bewusst auf den Plan rufen. Dadurch dass wir Klarträume, die keine Albträume sind, als einen Raum betrachten in dem wir den Schatten heraufbeschwören können, um ihn objektiv anzuschauen, mit ihm in Kontakt zu treten und ihn zu integrieren.

KAUM ZU GLAUBEN, ABER WAHR

Die Bewohner des alten Mesopotamien hatten eine sehr praktische Methode, mit Albträumen umzugehen. Sie schilderten den Hergang einem Tonklumpen, mit dem ihr Körper von Kopf bis Fuß abgerieben worden war. Nach der Prozedur wurde der Tonklumpen ins Wasser geworfen, wo er sich auflöste, gemeinsam mit den energetischen Überresten des Albtraums.[47]

Ist dieser liebevolle Umgang mit den Schatten nicht ein wenig gefährlich? Nein, es ist wesentlich gefährlicher, nichts zu unternehmen, um den Schatten zu integrieren, weil wir damit zulassen, dass er immer mehr an Einfluss gewinnt und sich noch stärker vom Rest der Psyche abspaltet. Je länger Inhalte im Verborgenen bleiben, desto mehr verdichten sie sich, doch sobald wir Licht in die Bereiche bringen, die uns ängstigen, lösen sich Jahrzehnte der Dunkelheit in einem einzigen Klartraum auf.

Diese Entdeckung machte auch die Probandin in unserer nächsten Fallstudie, als sie beschloss, sich aktiv mit der Ursache ihrer Albträume auseinanderzusetzen.

Fallstudie: Den Schatten begrüßen

Name: Kerri, Südafrika
Alter: 34 Jahre

Kerris Bericht: Ich spielte damals Verstecken mit mir selbst. Ich kam mir nutzlos und hart vor. Ich verleugnete das verkrüppelte kleine Mädchen in meinem Innern, das sich verzweifelt nach Liebe und Geborgenheit sehnte. Ich brachte mich in schmerzhafte, erniedrigende und gefährliche Situationen, weil ich mir beweisen wollte, dass ich stark war, nur um zu vermeiden, einen Blick auf das kleine Kind in meinem Innern zu werfen, das weinte und wahrgenommen werden wollte. Ich tat alles, um der Wahrheit über mich selbst aus dem Weg zu gehen.

Kerris Traumprotokoll: Im Traum stand ich gerade in meinem Wohnzimmer, als ich eine furchterregende, ganz in Schwarz gekleidete Gestalt erspähte, die draußen vor dem

Fenster vorbeischlich. Ein Mann offenbar, der ins Haus einzubrechen versuchte. Er begann, mit aller Gewalt gegen die Fensterscheibe zu hämmern. Ich kauerte mich zusammen, in panischer Angst gegen die Wand gepresst, während ich zusah, wie er in meine Wohnung einbrach. Er kam auf mich zu; ich war überzeugt, dass er mich angreifen, verletzen und umbringen wollte. Er war die Summe meiner schlimmsten Ängste. Die Angst, die ich in diesem Albtraum empfand, katapultierte mich schlagartig in den Klartraumzustand.

»Sobald ich merkte, dass es sich um einen Traum handelte, wurde mir klar, dass dieser Mann ein Aspekt meines Schattens war. Ich wusste, dass ich auf ihn zugehen und ihn umarmen musste. Als ich ihn in die Arme nahm, verspürte ich Widerwillen und Todesangst; er fühlte sich schmierig und widerlich an. Es kam mir so falsch vor, dieses Wesen zu umarmen, aber ich ließ nicht los und sprach das tibetische Mantra des Mitgefühls, *Om mani peme hung,* das wie eine flehentliche Bitte klang.

Plötzlich begann die Gestalt in meinen Armen zu schrumpfen, wurde kleiner und kleiner, bis sie mir entglitt. Als ich endlich den Mut aufbrachte, nach unten zu blicken, sah ich, dass sie sich in ein kleines Kind verwandelt hatte, ein Baby. Es lag in Fötusstellung zu meinen Füßen und schluchzte. Plötzlich empfand ich großes Mitleid mit ihm, beugte mich zu dem kleinen Wesen hinunter und begann abermals *Om mani peme hung* zu rezitieren. Der Traum löste sich auf und ich spürte, wie mich ein starker Wind durchströmte, ein Gefühl reiner Freude. Ich wachte auf und weinte vor Glück.

Kerris Leben nach dem Traum: Dieser Traum half mir zu erkennen, dass alles, was ich an mir selbst nicht akzeptieren kann, die Neigung hat, zu mutieren und solche Ausmaße anzunehmen, dass es zu einem höchst beängstigenden und bedrohlichen äußeren »Phänomen« wird, obwohl sich dahinter in Wirklichkeit nur meine ungelösten psychischen Probleme verbergen. Das angreifende Monster war das verkrüppelte kleine Mädchen in mir, das ich nie akzeptieren konnte. Der Traum zeigte mir, wie sich die verwaisten Aspekte unseres Bewusstseins – in meinem Fall das vernachlässigte kleine Mädchen, das sich nie geliebt fühlte – im Laufe der Zeit in Ungeheuer verwandeln.

Nach diesem Traum änderten sich meine Gefühle. Ich versuchte, bewusster zu leben, vor allem in Bereichen, die Konflikte und Angst auslösen. Ich fing an, mich meinen Schwierigkeiten zu stellen, statt vor ihnen davonzulaufen. Ich beschloss, die Entfremdungen in meinem Leben zu heilen, mich ihnen anzunähern und sie zu umarmen, genau wie in dem Traum. Die bedeutendste dieser Entfremdungen, an denen ich arbeitete, betraf meinen Vater, mit dem ich seit Jahren kein Wort gewechselt hatte. Heute ist unsere Beziehung gekittet und manchmal chanten wir sogar gemeinsam *Om mani peme hung*.

Kerris Traum ist ein anschauliches Beispiel dafür, wie man den Schatten umarmt. Es zeigt, dass selbst erschreckende Anteile unserer Persönlichkeit oft nur Aspekte sind, die uns in voller Lautstärke auffordern, ihnen zuzuhören. Sobald sie die Aufmerksamkeit erhalten, die sie brauchen, und wir ihre Energie objektiv anschauen und akzeptieren, offenbaren sie sich normalerweise uneingeschränkt und in vollem Umfang, worauf sie von Anfang an gewartet haben.

Die Integration unserer Schattenanteile in Klarträumen ist eine zutiefst heilsame psycho-spirituelle Übung, die Sie im Schlaf absolvieren können. Das klingt beinahe zu schön, um wahr zu sein. Aber es *ist* wahr und es ist *möglich* – für jeden Menschen, der gewillt ist zu lernen, wie man es macht. Die Anleitung bietet unsere nächste Toolbox, die einige meiner Lieblingstechniken enthält.

4. Toolbox: In den Klartraum eintreten

Da Sie nun begonnen haben, Ihre Träume genauer unter die Lupe zu nehmen und (hoffentlich) Methoden wie Realitätstests und Weird-Technik anwenden können, stellen Sie vielleicht fest, dass in der einstigen Dunkelheit Ihrer Traumwelt hin und wieder Klarträume aufscheinen. Doch bevor wir unseren Weg fortsetzen, werfen wir einen Blick darauf, wie diese Klarträume aussehen könnten.

Das Luziditätsspektrum

Der Anbruch eines Klartraums ist nicht immer ein Moment, in dem uns schlagartig ein Licht aufgeht, sondern er vollzieht sich eher ganz allmählich, wenn uns dämmert, dass wir möglicherweise träumen. Es gibt ein breit gefächertes Luziditätsspektrum, das auf dem unterschiedlichen Grad der Klarheit im Traum basiert, angefangen bei einem vagen Verdacht, dass wir träumen, bis hin zu dem absolut sicheren Wissen, dass alles, was wir gerade erleben, ein Produkt geistiger Prozesse ist.

Ich arbeite in der Regel mit vier Luziditätsebenen, einem sehr einfachen System mit fließenden Übergängen. Dazu kommt, dass der Weg durch das Luziditätsspektrum nicht immer linear verläuft, und obwohl die erste Ebene oft zur zweiten und von dort aus weiter führt, kann es sein, dass wir die ersten beiden überspringen und gleich auf die dritte oder vierte Ebene gelangen, dank eines erhellenden Augenblicks, in dem uns schlagartig bewusst wird, dass wir träumen.

DIE VIER LUZIDITÄTSEBENEN

1. Ebene: Präluzider Zustand

In diesem Bewusstseinszustand beginnen wir, die Realität des Traums kritisch zu hinterfragen. Im präluziden Zustand keimt der Verdacht auf, dass wir möglicherweise träumen, normalerweise, nachdem wir auf eine bizarre Traumanomalie aufmerksam geworden sind.

2. Ebene: Halbluzider Zustand

Auf dieser Ebene erleben wir einen »Aha-Moment« der luziden Wahrnehmung, doch dann gleiten wir zwischen klarer und getrübter Wahrnehmung hin und her. Uns ist einen Augenblick lang die Tatsache bewusst, dass wir träumen, doch dann werden wir vom Traumgeschehen abgelenkt und gleiten in den nicht-luziden Traum zurück. Der Begriff »halbluzider Zustand« kann auch verwendet werden, um eine niedrige Ebene der bewussten Wahrnehmung zu beschreiben.

3. Ebene: Vollluzider Zustand

Hier haben wir im Traum den Zustand einer vollbewussten, reflexionsfähigen Wahrnehmung erreicht, gepaart mit der Fähigkeit, interaktiv und willentlich auf die Traumlandschaft und die Traumcharaktere einzuwirken. Das bedeutet, dass wir uns vollkommen bewusst sind, zu träumen, und damit beginnen können, das Traumgeschehen in eigener Regie zu gestalten: Wir können beschließen, zu fliegen, unserem Schatten zu begegnen usw. Viele glauben, dies sei die höchste Luziditätsebene, aber es gibt noch eine weitere, höher verortete.

4. Ebene: Superluzider Zustand

Dieser Begriff wurde von den Klartraumforschern Robert Waggoner und Ed Kellogg geprägt; er beschreibt eine Ebene, die noch über die volle Luzidität hinausgeht und auf einen Augenblick der partiellen, nicht-dualistischen Erkenntnis zurückzuführen ist.

Was bedeutet das? Der grundlegende Unterschied zwischen »vollluzid« und »superluzid« beruht auf einer subtilen, aber umfassenden Veränderung der Wahrnehmung. Die meisten Klarträumer greifen in den Traum ein, als wäre er eine Realität, die dem Wachleben gleicht: Sie gehen durch Türen, um einen Raum zu verlassen, und fliegen, um von A nach B zu gelangen.

Im superluziden Zustand stützen sich unsere Aktivitäten ausnahmslos auf die Erkenntnis, dass alles, was wir im Traum erleben, ein Produkt unseres Geistes ist. Uns ist bewusst, dass wir nirgendwo hinfliegen müssen, sondern uns auf der Stelle an jeden beliebigen Ort versetzen können, und dass wir ebenso leicht durch Wände wie durch Türen gehen.

Die Zuschauer-Perspektive

Diese Traumvariante lässt sich dem Luziditätsspektrum zuordnen, entspricht aber keiner der vier oben beschriebenen Ebenen. Bei einem Zuschauertraum erleben wir das Geschehen aus einer »gedämpften« Perspektive mit. Wir sind uns durchaus der Tatsache bewusst, dass wir träumen, doch ohne Vorrechte oder den Wunsch, den Traum zu beeinflussen oder in Wechselwirkung mit ihm zu treten. Wir lassen zu, dass er sich von alleine entfaltet, ähnlich wie Zuschauer in einem Kinofilm, die das Geschehen auf der Leinwand verfolgen.

Zerbrechen Sie sich nicht den Kopf über die verschiedenen Luziditätsebenen. Das Spektrum ist kein Grundpfeiler der Klartraumpraxis, sondern wurde vor allem eingefügt, um die Beschaffenheit und Dynamik luzider Träume zu veranschaulichen.

Da wir nun wissen, in welchem Ausmaß uns bewusst werden kann, dass wir träumen, hier einige wirkungsvolle Methoden zur Induktion luzider Träume.

Hypnagoge Affirmation

Aufgrund der vorhergegangenen Beschreibung des hypnagogen Zustands können Sie sich vermutlich vorstellen, wie diese Technik funktioniert. Wenn Sie einschlafen und sich im hypnagogen Zustand befinden, benutzen Sie eine positive Affirmation (einen selbstbejahenden Satz), um auf der mentalen Ebene wiederholt die Absicht zu bekunden, bewusst zu träumen. Wie bereits erwähnt, hat der hypnagoge Zustand große Ähnlichkeit mit dem Zustand der hypnotischen Trance. Wenn wir uns also einer Suggestion oder Affirmation bedienen, stellen wir vielleicht fest, dass sie eine hypnotische Wirkung haben.

FÜNF SCHRITTE ZUR HYPNAGOGEN AFFIRMATION

Sie können diese Technik abends kurz vor dem Einschlafen anwenden, aber die besten Ergebnisse erzielen Sie, wenn Sie in den frühen Morgenstunden aufwachen, ungefähr fünf oder sechs Stunden nach dem Zubettgehen. In dieser Zeit geht der hypnagoge Zustand unmittelbar in den Traumzustand über. Doch wann immer Sie auch üben, wichtig ist, in Ihrem schläfrigen Bewusstsein immer wieder das unerschütterliche Bestreben zu verankern, einen Klartraum zu haben. Und das funktioniert folgendermaßen:

1. Nehmen Sie sich Zeit, Ihre Absicht, einen Klartraum zu haben, als positive Affirmation zu formulieren, beispielsweise: »Ich werde meine Träume vollbewusst als solche erkennen« oder »Wenn ich das nächste Mal träume, weiß ich, dass ich träume«. Wählen Sie einen Satz, der Ihr Ziel nach Ihrem Gefühl am besten beschreibt.
2. Wiederholen Sie diese positive Affirmation immer wieder beim Eintritt in den hypnagogen Zustand.
3. Versuchen Sie, authentische Gefühle und Engagement in der Affirmation anklingen zu lassen; das ist von ausschlaggebender Bedeutung, denn ohne Entschlossenheit funktioniert die Technik nicht.
4. Sie müssen die Affirmation nicht unbedingt bis zum Eintritt in den Traum wiederholen (obwohl das fantastisch wäre), sondern sollten lediglich darauf achten, in den letzten Minuten des Wachbewusstseins die feste Absicht zu verankern, vollbewusst zu träumen.
5. Setzen Sie sich zum Ziel, dass Ihre Affirmation der letzte Gedanke sein soll, der Ihnen durch den Kopf geht, bevor Sie einschlafen.

LaBerges MILD-Technik

Die Wirkung der hypnagogen Affirmation lässt sich mithilfe der MILD-Technik (Mnemonic Induction of Lucid Dreams) noch steigern. Sie gehört zu den bekanntesten Klartraum-induzierenden Techniken und wurde von dem US-amerikanischen Psychologen Stephen LaBerge, seit den 1980er-Jahren einer der Pioniere und führenden Forscher auf dem

Gebiet der luziden Träume, entwickelt und beschrieben. LaBerge setzte die Technik ein, um Klarträume gezielt herbeizuführen, was ihm beinahe jede Nacht gelang.

Mnemonisch bedeutet »auf das Gedächtnis gestützt«. Ein mnemonisch induzierter Klartraum nutzt die Speicherfunktion des menschlichen Gedächtnisses. MILD basiert auf drei Schlüsselprinzipien:

- Visualisierung
- Autosuggestion
- Prospektives Gedächtnis

Obwohl Visualisierung und Autosuggestion die grundlegende Antriebskraft dieser Technik liefern, ist das prospektive Gedächtnis der eigentliche Dreh- und Angelpunkt. Wir nutzen das prospektive Gedächtnis fortwährend in unserem Alltag, wenn wir uns beispielsweise sagen: »Wenn ich das nächste Mal eine Bank sehe, darf ich nicht vergessen, Geld von meinem Konto abzuheben.« Diese Fähigkeit, zu planen, um ein Vorhaben zu einem späteren Zeitpunkt aus der Erinnerung abzurufen und in die Tat umzusetzen, ist ein sehr zuverlässiger Aspekt des Gedächtnisses.

Wenn wir beim Einschlafen einen Befehl in unserem prospektiven Gedächtnis speichern –»Wenn ich das nächste Mal träume, werde ich mich daran erinnern, zu erkennen, dass ich träume« –, bleibt er neurologisch darin verankert, bis wir »die Bank sehen« und feststellen, dass wir träumen.

DIE MILD-TECHNIK

Diese Technik erfordert, dass wir uns visuell in den Traum zurückversetzen, den wir gerade hatten. Deshalb übt man sie am besten, wenn man aus einem Traum aufwacht, an den man sich noch lebhaft erinnert. Das kann auf natürlichem

Weg geschehen, wenn Sie vielleicht in den frühen Morgenstunden aufgewacht sind, oder gezielt, wenn Sie den Wecker auf irgendeine Zeit in der REM-Phase stellen, während der letzten beiden Stunden in Ihrem persönlichen Schlafzyklus.

1. Schritt: Den Traum in Erinnerung rufen

Wenn Sie aus einer Traumphase aufwachen, bündeln Sie Ihre Aufmerksamkeit, um hellwach zu werden und sich den Traum, den Sie gerade hatten, in allen Einzelheiten ins Gedächtnis zurückzurufen. Führen Sie sich den grundlegenden Handlungsablauf und das Szenario so lange vor Augen, bis Sie sie in- und auswendig kennen. Der 3. Schritt erklärt den Grund.

2. Schritt: Die Absicht festlegen

Machen Sie sich nun bereit, weiterzuschlafen. Während Sie einschlafen und in den hypnagogen Zustand gelangen, sagen Sie sich auf der mentalen Ebene mit Entschlossenheit immer wieder: *Wenn ich das nächste Mal träume, erinnere ich mich daran, zu erkennen, dass es sich um einen Traum handelt!* Konzentrieren Sie Ihre Aufmerksamkeit auf diesen Befehl, und wenn Sie merken, dass Ihre Gedanken abzuschweifen drohen oder bereits abgelenkt sind, kehren Sie mit Ihrer Aufmerksamkeit zur Suggestion zurück.

3. Schritt: Den Klartraum visualisieren

Sobald Sie die Motivation, *sich daran zu erinnern, dass Sie träumen,* geschaffen und fest verankert haben, besteht der nächste Schritt darin, sich visuell wieder in den Traum zurückzuversetzen, den Sie zuvor aus Ihrer Erinnerung abgerufen haben. Versuchen Sie, ihn mit so vielen Einzelheiten wie möglich nachzuvollziehen, malen Sie sich aus, wie Sie ihn erneut mit allen Sinnen erleben, während Sie in den Schlaf gleiten.

Dieses Mal stellen Sie sich jedoch vor, dass Ihnen im Traum bewusst wird, dass sie träumen. Wie das geht? Indem Sie sich ausmalen, wie Sie ein Traumzeichen entdecken oder einen Realitätstest durchführen und daraufhin feststellen, *Aha! Ich träume!*

Dann malen Sie sich aus, was Sie gerne tun würden, sobald Sie den luziden Zustand erreicht haben.

4. Schritt: Weiterschlafen oder weiterträumen

Nun haben Sie die Wahl, entweder weiterzuschlafen oder den zweiten und dritten Schritt zu wiederholen, bis Sie sicher sind, die Technik aus dem Effeff zu beherrschen. Danach können Sie loslassen und in den Schlaf abgleiten.

Hier noch einmal eine kurze Zusammenfassung der MILD-Technik als Gedächtnisstütze:

1. Traum in Erinnerung rufen
2. Absicht festlegen
3. Bewusstheit visualisieren
4. Weiterschlafen oder weiterträumen

KAUM ZU GLAUBEN, ABER WAHR

Die MILD-Technik scheint wie viele andere Klartraummethoden westlicher Herkunft nicht im zwanzigsten Jahrhundert, sondern während des Mittelalters in Tibet entstanden zu sein. Eine beinahe identische Methode wurde in einem Traumyoga-Text des tibetischen Lamas Lochen Dharma Shri aus dem sechzehnten Jahrhundert entdeckt.[48]

WBTB-Technik

Die WBTB-Technik (Wake Back To Bed oder »Aufwachen und zurück ins Bett«) kann die Chancen, bewusst zu träumen, um 2000 Prozent erhöhen.[49] Mehr als zwei Drittel der Teilnehmer an entsprechenden Forschungsprojekten berichteten, dass sich infolge dieser Praxis luzide Träume eingestellt hatten.[50] Und wie trainiert man diese Turbotechnik? Ganz einfach. Sie wachen mindestens zwei Stunden früher auf als sonst, bleiben ungefähr eine Stunde lang wach, und danach schlafen Sie eine weitere Stunde oder zwei. Und das geht so:

FÜNF SCHRITTE ZUR WBTB-TECHNIK

1. Stellen Sie Ihren Wecker auf mindestens zwei Stunden früher als die übliche Aufwachzeit.
2. Wenn der Wecker läutet, wachen Sie auf und stehen auf.
3. Bleiben Sie etwa eine Stunde wach. Verbringen Sie diese Zeit mit irgendeiner vollbewussten Aktivität Ihrer Wahl. Meditieren oder einen Text über das Klarträumen lesen ist ideal, aber andere sinnvolle Beschäftigungen sind nach meiner Erfahrung genauso gut.
4. Sie möchten sich in dieser Zeit hellwach, aber nicht überdreht fühlen. Achten Sie also darauf, dass Sie sich nicht überstimulieren, denn sonst könnte der fünfte Schritt schwierig werden. Versuchen Sie, den Schlaf auf Abstand zu halten.
5. Nach etwa einer Stunde stellen Sie die Weckzeit erneut auf eine oder zwei Stunden später; kehren Sie ins Bett zurück und schlafen Sie mit der festen Absicht ein, klarzuträumen. Alternativ können Sie auch zu einer mentalen Klartraumaffirmation greifen.

Wie funktioniert die WBTB-Technik?

Wie bereits erwähnt, finden die meisten Träume während der beiden letzten Stunden des Schlafzyklus statt. Wenn wir uns diese Traumzeit vorenthalten, gelangen wir nach dem Weiterschlafen schließlich problemlos und tief in das Land der lebhaften Träume. Da der Traumschlaf das Spielfeld der Luzidität ist, ist der Erfolg dieser Technik geradezu vorprogrammiert.

Wachen Sie einfach ein paar Stunden früher als gewöhnlich auf, bleiben Sie eine Stunde wach und kehren Sie mit der festen Absicht, klarzuträumen, ins Bett zurück.

Hier noch ein paar allgemeine Tipps zum Üben der WBTB-Technik von Luigi Sciambarella, einem Trainer in der britischen Niederlassung des Monroe Institute, das sich mit Transformation und bewusster Lebensführung befasst.

TIPPS VON PROFIS: KLARTRÄUME INDUZIEREN

Ausgeruht und physisch entspannt sein

Wenn Sie nicht genug Schlaf bekommen, konzentriert sich Ihr Gehirn/Körper als Erstes darauf, das Schlafdefizit mit aller Macht auszugleichen. Sie schlafen zu schnell ein, um Ihr Bewusstsein zu steuern, und werden sich vermutlich nur an wenige Träume erinnern. Idealerweise sollten Sie wenigstens siebeneinhalb Stunden pro Nacht schlafen. Es ist oft von Vorteil, etwas früher als üblich zu Bett zu gehen, um Zeit dafür zu haben, die Absicht, einen Klartraum herbeizuführen, zu verankern.

Die Traumerinnerung verbessern

Klarträume sind einschneidende Erfahrungen, die das Leben verändern können, doch ohne das bewusste Bemühen, sich an den Trauminhalt zu erinnern, vergessen wir möglicherweise wichtige Teile des Traumgeschehens. Bewahren Sie ein Traumtagebuch in Reichweite neben Ihrem Bett auf, und nehmen Sie sich fest vor, Ihre Träume morgens, unmittelbar nach dem Aufwachen, zu notieren.

Tagsüber achtsamer sein und vorausdenken

Meditationsübungen wie die Konzentration auf den Atem können dazu beitragen, die Aufmerksamkeit tagsüber im gegenwärtigen Augenblick zu verankern. Diese Praxis nehmen Sie irgendwann mit in den Traum hinüber. Beim Klarträumen ist es wichtig, das prospektive Gedächtnis zu entwickeln, also stellen Sie sich während des Tages Aufgaben, die Ihr Erinnerungsvermögen fordern.

Legen Sie Ihre Intention fest

Apathie ist der größte Feind des Klartraums, deshalb ist es wichtig, Ihre Motivation im Auge zu behalten. Überlegen Sie, warum Sie luzid träumen wollen und was Sie bei Ihrer nächsten Klartraumreise erreichen möchten. Je entschlossener Sie Ihre Absicht verfolgen, einen Klartraum zu erleben, desto größer die Chance, dass Sie Ihr Ziel erreichen. Nehmen Sie sich also die Zeit, immer wieder einmal über die Vorteile des Klarträumens nachzulesen und nachzudenken.

Klarträumen soll Spaß machen!

Sie befinden sich auf einem Spielfeld, das Ihnen gestattet, nach Lust und Laune zu experimentieren, wo Sie neue Verhaltensmuster entwickeln und alte, nicht länger nützliche ausmustern können. Die besten Ergebnisse erzielen Sie, wenn Sie die Aufgabe der Selbsterforschung offen und leichten Herzens in Angriff nehmen. Ein Übermaß an Anstrengung und Mühe kann kontraproduktiv sein, und zu viel

Selbstkritik nach gescheiterten Versuchen führt rasch zu Wut, Frustration und Antriebslosigkeit; deshalb versuchen Sie, angesichts all dessen Ihren Sinn für Humor zu bewahren.

Charlies Toolbox-Checkliste

- Experimentieren Sie mit dem Luziditätsspektrum, um sich damit vertraut zu machen. Erforschen Sie gezielt den präluziden, halbluziden, vollluziden und den superluziden Zustand sowie die Zuschauer-Perspektive.
- Planen Sie einmal in der Woche einen Tag ein, an dem Sie in den frühen Morgenstunden die WBTB-Technik üben, vielleicht an einem Wochenende oder vor Ihrem nächsten arbeitsfreien Tag.
- Versuchen Sie, Ihre eigenen hypnagogen Affirmationen zu formulieren und probieren Sie aus, was bei Ihnen am besten funktioniert. Zu meinen persönlichen Lieblingssätzen gehört: »Ich liebe Klarträume. Klarträumen macht Spaß.« Diese Suggestion klingt so zuversichtlich und gleichzeitig so spielerisch, dass selbst ein hartgesottenes Unterbewusstsein nicht umhinkann, ihn zur Kenntnis zu nehmen.
- Entscheiden Sie sich *vor dem Zubettgehen* für eine bestimmte Technik, statt im Halbschlaf zu versuchen, die nächstbeste, die Ihnen einfällt, aufzugreifen. Vielleicht möchten Sie sich mehrere Nächte lang mit der MILD-Technik vertraut machen und am Wochenende die WBTB-Technik üben. Seien Sie kreativ, aber diszipliniert!
- Denken Sie daran, tagsüber immer wieder einmal Realitätstests durchzuführen und Ihren detektivischen Spürsinn nach der Columbo-Methode zu schärfen, während Sie nachts die neuen Toolbox-Techniken einüben.

Fünf

Klarträumen global – von der Antike bis zur Neuzeit

Werfen wir nun einen Blick auf die verschiedenen Klartraumtraditionen rund um den Globus, sowohl historische als auch aktuelle, eine breitgefächerte Palette, die von Erfahrungen mit mythischen Zügen bis hin zu wissenschaftlich belegten Fakten reicht. Die Welt ist groß und die Anzahl der Buchseiten begrenzt, deshalb muss ich mich auf einen kurzen Abriss der wichtigsten beschränken, im Westen beginnend.

Die alten Griechen

Die ersten nennenswerten Projekte auf dem Gebiet der Traumarbeit fanden, kaum verwunderlich, im antiken Griechenland statt. Der Philosoph Aristoteles schrieb in seiner berühmten Abhandlung *Über Träume*: »Oft nämlich sagt einem, wenn man schläft, etwas in seinem Bewusstsein: Was dir da erscheint, ist nur ein Traum.«[51] – Ein klarer Hinweis auf Klarträume.

Die alten Griechen errichteten sogar spezielle Tempel, in denen man die Nacht verbringen und bestimmte Trauminkubationstechniken praktizieren konnte, in der Hoffnung auf einen heilenden Traum. Im 5. Jahrhundert v. Chr. gab es in Griechenland mindestens dreihundertfünfzig Tempel, in denen Heilungsrituale durchgeführt wurden, und die meisten hatten abgetrennte Bereiche für den »Tempelschlaf«, die der heilenden Traumarbeit vorbehalten waren.[52]

Die Träumer schliefen auf Steinbetten ein, während in eigens dafür vorgesehenen Gefäßen Räucherwerk entzündet wurde, das möglicherweise psychoaktive, traumfördernde Kräuter enthielt. Dank der zahlreichen Inschriften auf den Tempelmauern, die den Erfolg dieser Traumarbeitsmethoden bezeugen,[53] kann man davon ausgehen, dass sie eine überwältigende Wirkung hatten.

Als die Römer im Jahre 43 n. Chr. Britannien eroberten, brachten sie die Traumtraditionen mit, die sie von den Griechen übernommen hatten. Dazu gehörte folglich auch ein Traumtempel, der in der heutigen Grafschaft Gloucestershire im Südwesten Englands erbaut wurde. Die Ruinen der Tempelanlage sind heute noch erhalten und wurden von den britischen Traumforschern Paul und Charla Devereux eingehend erforscht.

KAUM ZU GLAUBEN, ABER WAHR

Einer der bizarrsten Aspekte der griechischen Traumtempel war die Verwendung ungiftiger Schlangen; sie sollten die Augenlider der Schläfer lecken, die darauf hofften, im Traum Hinweise auf eine erfolgreiche Behandlungsmethode ihrer Krankheit zu erhalten. Die Priester in den Traumtempeln Britanniens waren gezwungen, sich den örtlichen Gegebenheiten anzupassen – sie setzten statt der Schlangen Hunde ein, die darauf abgerichtet wurden, die Augenlider der Patienten zu lecken![54]

Die Christen der Frühzeit und des Mittelalters

Die Urchristen standen der Traumarbeit aufgeschlossen gegenüber (schließlich war die Geburt Christi ja in einer Reihe von Träumen angekündigt worden). Die ersten gnostischen Christen benutzten die Metapher des Klartraums sogar als eines ihrer wichtigsten Vorstellungsbilder von der Erfahrung der Einswerdung mit Gott. Und im fünften Jahrhundert pflegten die griechischen Bischöfe den Gläubigen zu erklären, dass die Seele im Traum »einer höheren Region zugeführt wird, wo sie mit der Wahrheit aller Dinge in Berührung zu kommen vermag«.[55] Nach dem fünften Jahrhundert brachen jedoch harte Zeiten für die christlichen Träumer an, und mit der Traumarbeit ging es rasch bergab.

Einer der glühendsten Befürworter dieser Talfahrt war ein Mann, der später zum heiligen Hieronymus wurde – ein christlicher Priester und Kirchenlehrer des spätantiken Abendlandes, der einen Traum mit weitreichenden Konsequenzen hatte. Er empfing darin die Botschaft, das Studium der heidnischen Schriften, die ihn ungeheuer faszinierten, einzustellen. Viele dieser Texte handelten von Träumen und ihrer Deutung, und er gelangte zu der Überzeugung, ihm sei befohlen worden, diesem Themenbereich generell den Rücken zu kehren.

Zufälligerweise war der heilige Hieronymus einer der ersten Übersetzer der Bibel in die lateinische Sprache. Seine Voreingenommenheit gegenüber jeglicher Form der Traumarbeit spiegelt sich in seiner fehlerhaften Übertragung aus dem fünften Jahrhundert wider, in der er viele Passagen, die das Wort Zauberkraft enthalten, mit der Traumarbeit in Verbindung bringt, die dort ebenfalls erwähnt wird. Plötzlich war die Bibel angefüllt mit Textstellen, die Traumarbeit als sündhaft verdammten,[56] und damit nahm die Geschichte des Träumens in der christlichen Kultur eine dramatische, unumkehrbare Wende.

Im dreizehnten Jahrhundert vertrat der einflussreiche christliche Philosoph Thomas von Aquin die These, dass »einige Träume von Dämonen stammen«[57] und im sechzehnten Jahrhundert behaupteten die Jesuiten sogar, Träume wären fast immer »Teufelswerk«.[58] Infolge dieser Überzeugungen, die auch viele andere Christen von Rang und Namen vertraten, ging die Traumarbeit der christlichen Tradition gegen Ende des Mittelalters unwiederbringlich verloren. Doch inzwischen wird die Tradition wiederbelebt, denn tausende Christen in aller Welt nutzen heute Klarträume, um die Beziehung zu Gott zu vertiefen.

Das neunzehnte und zwanzigste Jahrhundert

Die bisher erwähnten Traditionen verwendeten also Traumpraktiken, aber diese waren nicht primär auf die Erkundung *luzider* Träume ausgerichtet. Erst im neunzehnten und zwanzigsten Jahrhundert fand das Konzept des Klarträumens Eingang in das öffentliche Bewusstsein westlicher Länder.

Es war ein Franzose, der Marquis Léon d'Hervey de Saint-Denys, der 1867 mit der Veröffentlichung seines Buchs *Les Rêves et les moyens de les diriger (Träume und wie man sie lenkt)* das Thema Klarträumen zum ersten Mal einer breiten Leserschaft zugänglich machte. Das Werk enthielt Kapitel über die Verbesserung der Traumerinnerungen, das bewusste Träumen, willentliches Aufwachen und das gezielte Eingreifen in die Traumerzählung: ein ziemlich umfassendes Klartraumhandbuch, das heute noch relevant ist. Die Traumaufzeichnungen des Marquis erstreckten sich auf 1946 Nächte mit Traumerfahrungen, anhand derer er das Klartraumpotenzial gründlich erforschte.

Anfang der 1900er-Jahre wurde der Begriff »lucid dream« von dem niederländischen Psychologen Frederik Willems van Eeden in Umlauf gebracht, nicht zuletzt infolge eines Vortrags, den er 1913 vor der Gesellschaft für Psychische Forschung hielt, in dem er von 352 dokumentierten »luziden Träumen« berichtete. Bis zu diesem Zeitpunkt wurde das Phänomen der Bewusstheit im Traumzustand mithilfe zahlreicher anderer Beschreibungen definiert, wie »Halbträume« oder »gelenkte Träume«, und in der westlichen Welt erst Mitte der 1970er-Jahre wissenschaftlich anerkannt.

Freud und Jung

1900 erschien Sigmund Freuds frühes Hauptwerk *Die Traumdeutung*. Obwohl es nur wenige beiläufige Hinweise auf Klarträume enthielt (und auch die erst in späteren Ausgaben), hinterließ es einen unauslöschlichen Eindruck sowohl in der breiten Öffentlichkeit als auch in wissenschaftlichen Kreisen, die plötzlich auf die Bedeutung der Traumarbeit aufmerksam wurden. Das Buch deutete auf die Möglichkeit hin, dass Träume durchaus heilsam sein können und es daher empfehlenswert ist, sie zu verstehen und zu beachten.

Freud interessierte sich sehr für das Phänomen der Klarträume, und Berichten zufolge versuchte er an eine Ausgabe von Marquis d'Hervey de Saint-Denys Buch *Les Rêves et les moyens de les diriger (Dreams and How to Guide them)* zu kommen, was ihm jedoch nicht gelang.[59] Vielleicht hätte die Entwicklungsgeschichte des Klarträumens einen völlig anderen Verlauf genommen, wenn er Erfolg gehabt und sich die darin beschriebenen Techniken selber beigebracht hätte! Da ein großer Teil seiner Arbeit auf persönlichen Erfahrungen beruht, können wir davon ausgehen, dass die Öffentlichkeit bereits sechzig Jahre früher auf das Phänomen aufmerksam geworden und es möglicherweise auch ausprobiert hätte.

Dann betrat Carl Gustav Jung, ein ehemaliger Schüler Freuds, die Bühne, der schon im 4. Kapitel erwähnt wurde. Jung hatte das Gefühl, dass Freud lediglich an der Oberfläche der Traumwelt gekratzt hatte. Er gelangte zu der Überzeugung, dass die sexuelle Symbolik in Träumen – der Freud großes Gewicht beigemessen hatte – oftmals tiefere, nichtsexuelle, spirituelle Bedeutungen und psychische Funktionen verschleierte. Wie bereits erwähnt, führte Jung das Konzept der Archetypen und des kollektiven Unbewussten ein, das zum Fundament einer ganzen Bewegung wurde, in der transpersonale Traumarbeit großgeschrieben wurde und Klarträume ihren Platz fanden.

Zu Beginn des zwanzigsten Jahrhunderts führte das wachsende westliche Interesse an Träumen, Orientalistik und esoterischem Gedankengut zur Veröffentlichung einer Reihe von Studien und persönlichen Berichten über Klarträume von Okkultisten und esoterischen Schriftstellern. Viele dieser Publikationen wurden inzwischen überarbeitet und neu aufgelegt, eine spannende Lektüre, die ich nur empfehlen kann.

Pioniere der Wissenschaft

Der erste bahnbrechende wissenschaftliche Fortschritt auf dem Gebiet der Traumforschung war 1924 die Erfindung einer eng anliegenden Kappe zur Messung der elektrischen Aktivität des menschlichen Gehirns mittels Elektroden-Sensoren, die die Kopfoberfläche der Versuchsperson berührten. Diese technische Neuerung führte zur Entwicklung eines Geräts, das die elektrische Aktivität des Gehirns grafisch darstellen konnte, Elektroenzephalogramm oder kurz EEG genannt. Die EEG-Aufzeichnungen der Hirntätigkeit im Schlaf lieferten das Fundament für alle nachfolgenden wissenschaftlichen Schlafforschungsprojekte und den endgültigen Beweis, dass Klarträume keine Ausgeburt der Fantasie, sondern eine wissenschaftlich hieb- und stichfeste Tatsache sind.

1953 wurde die rätselhafte DNA-Struktur entschlüsselt. Im selben Jahr kam man auch den Geheimnissen der Schlaf- und Traumstrukturen auf die Spur, als Eugene Aserinsky, ein Doktorand der Universität Chicago, die Existenz des REM-Schlafs entdeckte und nachwies.

In den vorausgehenden Jahren hatte Aserinsky sowohl privat als auch auf der akademischen Ebene finanziell zu kämpfen. Das Interesse der wissenschaftlichen Gemeinschaft an der Schlafforschung war äußerst gering, deshalb war es ihm nicht gelungen, Mittel für sein Forschungsprojekt aufzutreiben. Ohne den erforderlichen finanziellen Rückhalt sah sich der unbeugsame Schlaf-Freak gezwungen, mit einem defekten, ausgemusterten EEG-Gerät vorliebzunehmen, das er reparierte, und Versuche an seinem achtjährigen Sohn durchzuführen.[60] (Dem einzigen Freiwilligen, der sich mit Süßigkeiten als Entlohnung zufriedengab.)

Der kleine Armand Aserinsky wurde an das EEG-Gerät angeschlossen und schlief irgendwann ein, während sein Vater im angrenzenden Raum die Hirnströme beobachtete. In den ersten siebzig Minuten war Armands Gehirn verhältnismäßig untätig, doch bald darauf setzte eine ähnliche Aktivität wie im Wachzustand ein. Die Augen des Jungen begannen unter den Lidern zu zucken, ein Phänomen, das bald unter der Bezeichnung *Rapid Eye Movement* (REM) bekannt wurde. Aserinsky hatte den REM-Traumschlaf entdeckt.

Der REM-Schlaf ist diejenige Schlafphase, in der das Gehirn aktiv mit der Gestaltung der Träume befasst ist, während der Körper in einen Zustand der Muskelstarre oder Paralyse versetzt wird, um zu verhindern, dass er das Traumgeschehen auch auf der physischen Ebene nachvollzieht. Während des REM-Schlafs wird der Körper »ausgeschaltet« und das Gehirn »eingeschaltet«. Das Grundprinzip ist die direkte Korrelation mit dem Traumerleben.

Die Entdeckung des REM-Schlafs war für die wissenschaftliche Erforschung und Bewertung von Träumen deshalb so wichtig, weil sie zum ersten Mal eine glaubhafte Verbindung zwischen den objektiven Messwerten der neurologischen und optischen Aktivität und den subjektiven Berichten über den Traumschlaf herstellte. Endlich war erwiesen, dass Träume sowohl objektiv gemessen als auch subjektiv beschrieben werden konnten – Kriterien, die rund zwanzig Jahre später beim Nachweis von Klarträumen eine Rolle spielen sollten.

Und was wurde aus Eugene Aserinsky? Statt den Weg weiterzuverfolgen, den er frei gemacht hatte, beschloss er, die Universität Chicago zu verlassen und die Auswirkungen von elektrischem Strom auf den Lachs zu erforschen.[61] Merkwürdig, oder? (Ich hoffe, Sie führen einen Realitätstest durch!)

Ein paar Jahre später, 1959, tauchten die ersten wissenschaftlichen Studien über Klarträume auf. Ein positiver Bericht des US-Psychiaters Nathan Rapport aus den 1940er-Jahren inspirierte die Forscher der Goethe-Universität in Frankfurt zu einer Studie, bei der sie den Versuchspersonen Klartraumtechniken beibrachten und ihr Verhalten während der luziden Träume beobachteten.[62]

Diese Studie wurde vom wissenschaftlichen Establishment weitgehend ignoriert, und Klarträume wurden bis Mitte der 1970er-Jahre von den meisten Forschern belächelt. Sie sahen darin eine »paradoxe Unmöglichkeit« ohne glaubwürdige Daten, die ihre Gültigkeit untermauerten. Doch nach der Veröffentlichung von Celia Greens Werk *Lucid Dreams* (eine der ersten Studien mit wissenschaftlichen Theorien und Befunden über diese Praxis) im Jahre 1968 (*Träume bewusst steuern*, 1998) und Patricia Garfields Buch *Creative Dreaming*, das 1974 erschien (*Kreativ träumen*, 1992) war der Grundstein für den großen Tag im Jahre 1975 gelegt, an dem etwas Sensationelles geschah: Klarträume wurden wissenschaftlich nachgewiesen.

Der Kolumbus der Universität Hull

In einigen akademischen Kreisen ist man zu der beinahe religiösen Überzeugung gelangt, dass etwas nur dann *existiert*, wenn es sich *wissenschaftlich nachweisen* lässt. Diese Einstellung hatten die Menschen vermutlich auch im Hinblick auf die beiden Amerikas, bevor Kolumbus sie »entdeckte« und damit bewirkte, dass die Existenz eines Kontinents mit einer jahrtausendealten, facettenreichen Geschichte plötzlich von einer breiten Öffentlichkeit zur Kenntnis genommen wurde.

So war es auch mit den Klarträumen. Mehrere tausend Jahre dokumentierter Erfahrungen und ein ganzer Bereich des Tibetischen Buddhismus, der ihrer Erforschung gewidmet war, wurden als »nicht-existent« abgetan, bis die Wissenschaft luzide Träume anhand ihrer eigenen Kriterien nachzuweisen vermochte. Bis Mitte der 1970er-Jahre hatten etliche Forscher versucht, das wissenschaftliche Establishment davon zu überzeugen, dass Bewusstheit im Traum kein Produkt der Fantasie war, jedoch ohne Erfolg. Das sollte sich ändern, als einem Angehörigen der Universität Hull in Großbritannien der empirische Nachweis einer Theorie gelang, deren Stichhaltigkeit er bereits erkannt hatte.

Dieser Mann war der Psychologe Dr. Keith Hearne, den ich persönlich kennengelernt habe. Wir trafen uns im Science Museum in London, wo ich die Originalfassung seiner Polysomnographie-Aufzeichnungen in Augenschein nahm und aus erster Hand erfuhr, was sich an dem verregneten Frühjahrsmorgen im Jahre 1975 zugetragen hatte, als es ihm gelang, die Existenz des »Unmöglichen« nachzuweisen.

Hearne erklärte mir in allen Einzelheiten, wie das Experiment aufgebaut war, in dem seine Versuchsperson – ein Mann namens Alan Worsley –, der fest schlief und an sämtliche Aufzeichnungsgeräte angeschlossen war, im Klartraumzustand bestimmte Signale an das Schlaflabor übermitteln sollte.

»Ich probierte Mikroschalter am kleinen Finger der Versuchsperson und alle möglichen anderen Dinge aus, mit denen er zu erkennen geben sollte, dass er bewusst träumte, aber nichts funktionierte einwandfrei.

Und dann fiel mir ein, *Moment mal! Das Ganze passiert ja im REM-Schlaf; demzufolge ist die Augenmuskulatur vom Vorgang der Schlafstarre, der den Rest des Körpers lähmt, ausge-*

nommen; vielleicht kann er ja durch bestimmte Augenbewegungen mit mir kommunizieren. Ich bat Worsley: ›Wenn Sie einen Klartraum haben, bewegen Sie Ihre Augen zuerst nach links und dann nach rechts, um mir im Schlaflabor ein Zeichen zu geben.‹«

»So eine Art optischer Morsecode?«, fragte ich Hearne.

»Ja, so könnte man es nennen«, erwiderte er.

»Und wann haben Sie die ersten Signale empfangen?«

»Die ersten habe ich verpasst, genau genommen«, gestand Hearne. »In der Woche zuvor hatte ich Worsley die ganze Nacht angeschlossen und jedes Mal, wenn die REM-Phase begann, saß ich da, starrte völlig übermüdet auf das Polysomnographie-Gerät und verfolgte die Aufzeichnungen. In dieser Nacht stellte sich kein einziger luzider Traum ein, deshalb schaltete ich um acht Uhr morgens sämtliche Geräte ab und begann, meine Sachen zusammenzupacken. Fünf Minuten später hörte ich ihn plötzlich von unten rufen: ›Ich hatte gerade einen Klartraum, haben Sie gesehen?‹ Nein, hatte ich nicht! Ich war fünf Minuten zu spät gekommen! Doch zum Glück wiederholten wir den Test in der darauffolgenden Woche.«

»Eine Woche später fand also das gleiche Experiment statt?«

»Ja, und dieses Mal lief alles wie am Schnürchen. Es war kurz nach acht Uhr morgens und er befand sich in einer REM-Phase, als die vereinbarten Augenbewegungssignale plötzlich erschienen, klar erkennbare Muster auf dem EOG (dem Elektrookulogramm zur Messung der Augenbewegungen im REM-Schlaf), und er schlief immer noch tief und fest.«

»Worsley befand sich also im Tiefschlaf, ohne die Außenwelt wahrzunehmen, doch dann wurde er im Traum wach genug, um zu denken, *Ach ja, jetzt muss ich die Augensignale senden, um mit Keith im Schlaflabor zu kommunizieren?*«, hakte ich nach.

»Ja, aber eigentlich war er ein bisschen verärgert, dass wir die Signale vereinbart hatten, weil er lieber seinen luziden Traum genossen hätte! Ich denke, ich erkannte in dem Moment wesentlich klarer, dass wir Geschichte schrieben.«

»Was war das für ein Gefühl, als Sie die ersten Signale entdeckten?«

Hearnes Augen leuchteten auf. »Es war fantastisch! Ich war überwältigt. Es war, als würde man Signale aus einer anderen Welt, aus einem anderen Universum empfangen. Das Ganze geschah am 12. April 1975, und interessanterweise hatte die NASA am 12. April 1961 im Zuge eines bemannten Raumflugs die ersten Botschaften eines Astronauten aus dem Weltall erhalten. Ich kam mir vor wie die Leute von der NASA, außer dass ich die ersten Botschaften aus dem *Inneren* eines Menschen, aus der Traumwelt erhielt!«

In Hearnes Begeisterung mischte sich mit einem Mal ein leises Anzeichen von Wehmut, als er fortfuhr: »Sie wissen ja, wenn man den NASA-Kontrollraum in Filmen sieht, dass sich die Männer gegenseitig beglückwünschen und gratulieren, oder? Ich hatte gerade die Existenz von Klarträumen wissenschaftlich nachgewiesen, und es gab niemanden, der mir gratulierte …«

»Dann gratuliere eben ich Ihnen!«, warf ich ein. »Vierzig Jahre zu spät, aber immerhin …« Wir klatschten einander ein wenig ungeschickt ab.

»Das hätte ich vor vierzig Jahren gebraucht, Charlie!«, meinte Hearne. »Freut mich sehr, vielen Dank. Wissen Sie, wenn ich diese Polysomnographie-Aufzeichnungen anschaue, werde ich ein bisschen sentimental, auch heute noch. Die Erinnerung, dass wir es waren, die es damals geschafft haben, die den Beweis geliefert haben, die das Paradox nachweisen konnten …« Er deutete auf die Originalversion der Polysomnographie-Aufzeichnungen, die hinter uns in einem Schaukasten aus Acrylglas ausgestellt waren.

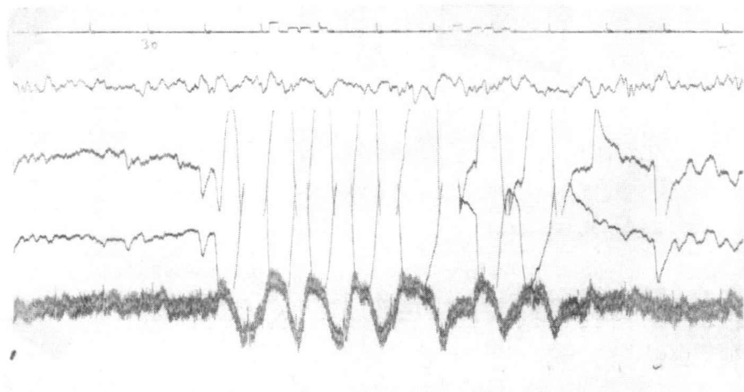

Die ersten okularen Signale, die jemals während eines Klartraums aufgezeichnet wurden. Die beiden Bänder in der Mitte repräsentieren die Bewegungsaufzeichnungen für das linke und das rechte Auge. Beachten Sie den Unterschied zwischen den deutlichen, stark ausschlagenden Augenbewegungen und den unruhigen kurzen Wellenmustern des REM-Schlafes, die der Klartraumphase vorausgehen und folgen.

»Und was geschah dann?«, fragte ich.

»Nun, ich wusste, dass ich eine sensationelle Entdeckung gemacht hatte, deshalb schrieb ich an alle bekannten Schlaflabors der Welt – unter anderem Chicago und Stanford – und nachdem ich meine Ergebnisse im Rahmen einer Tagung an der Universität Hull präsentiert hatte, zog ich nach Liverpool, um meine Studien fortzusetzen.«

»Wir nähern uns inzwischen dem vierzigsten Jahrestag

Ihrer Entdeckung; welche wichtigen Beiträge haben Klarträume Ihrer Meinung nach weltweit geleistet?«, fragte ich Hearne.

»Zum einen stellen sie eine neue Form der Freizeitgestaltung dar, die nichts kostet«, erwiderte er. »Sie zeigen neue Möglichkeiten auf, die Realität zu erkunden und ein Gefühl der Freiheit zu erleben. Menschen, die eine lebenslange Haftstrafe verbüßen müssen, tun mir leid. Die Vorstellung, dass man Menschen ein Leben lang einsperrt, finde ich beklemmend. Ich denke, Klarträume könnten ihnen einen Anflug von Freiheit schenken – und darüber hinaus dazu beitragen, sich mit Dingen aus ihrer Vergangenheit, die sie bedauern, auseinanderzusetzen.«

Als wir uns den Weg durch die Horden von Schulkindern bahnten, die sich in den Gängen des Science Museum drängten, und uns am Ausgang trennten, blickte ich Dr. Hearne nach und dachte, dass es auch in seiner Vergangenheit vielleicht Dinge gab, die er bedauerte. Denn die Geschichte seiner Entdeckung ist nicht so einfach, wie sie zunächst erscheinen mag. Wie bei vielen spannenden Geschichten gibt es noch eine andere Version.

Die andere Version

Ungefähr zur gleichen Zeit, als Hearne in Großbritannien Pionierarbeit leistete, begann ein junger amerikanischer Wissenschaftler namens Stephen LaBerge in Kalifornien mit seiner Doktorarbeit in Psychophysiologie. Im Rahmen seiner Forschungstätigkeit an der Universität Stanford zielte auch er darauf ab, die Existenz des Klartraum-Phänomens wissenschaftlich nachzuweisen, zum ersten Mal in der Geschichte, wie er glaubte.

Obwohl Hearne 1977 anlässlich einer Tagung der Verhaltenswissenschaftler eine entsprechende Abhandlung vorgelegt und ein Jahr später seine Dissertationsschrift eingereicht hatte, »weigerte sich das wissenschaftliche Establishment, seine Ergebnisse anzuerkennen«.[63] Das bedeutete, dass sie keine große Verbreitung fanden, weder von Kollegen begutachtet noch auf der anderen Seite des Atlantischen Ozeans bekannt wurden, sodass LaBerge natürlich glaubte, eine bahnbrechende Entdeckung gemacht zu haben, als er mit ähnlichen Methoden ähnliche Resultate erzielte.

Ob LaBerge Hearnes Ergebnisse kannte oder nicht, ist für viele heute ohne Belang, denn LaBerge war derjenige, der die Klartraumtechniken entwickelte, mehrere Bücher über das Thema schrieb und überall auf dem Globus als *der* Experte für das Klartraum-Phänomen galt. Er war außerdem der Erste, dem mithilfe des EEG der empirische Nachweis gelang, dass Bewusstheit in der REM-Phase des Schlafs möglich ist, während Hearne lediglich demonstrierte, dass sich diese Bewusstheit im Traumzustand durch ein Signal kommunizieren lässt.

Obwohl Hearnes bahnbrechende Forschungsergebnisse Lob und Anerkennung verdienen, würde man Klarträume ohne LaBerges unermüdliche Arbeit während der letzten drei Jahrzehnte sowohl im öffentlichen als auch im wissenschaftlichen Bereich unter Umständen heute noch als faulen Zauber abtun. Ich bin der Meinung, dass sowohl Hearne als auch LaBerge brillante Männer waren, die auf den Schultern von großen früheren Entdeckern standen. Beide erkannten die Möglichkeiten eines Universums, das so lange übersehen worden war.

Sechs

Klarträumen global – Sangomas, Schamanen und luzide Lamas

Nachdem wir das Phänomen in der westlichen Hemisphäre erkundet haben, wenden wir uns nun den vielfältigen Klartraumpraktiken in anderen Teilen der Welt zu.

Träumen auf dem Dach der Welt

Am Ende meiner Teenagerzeit wurde ich offiziell Buddhist durch Zufluchtnahme bei einem tibetischen Lama namens Akong Rinpoche.[64] Sobald ich mit den Meditations-Retreats begann, hörte ich immer wieder den Begriff »Traumyoga«. Bei einer solchen Gelegenheit erklärte einer der Mönche, dass man unter dieser Bezeichnung eine Reihe von Traum- und Schlafpraktiken sowie außerkörperliche Erfahrungen zusammenfasste, die den Tibetischen Buddhismus kennzeichneten und deren Kern das Klartraumtraining bildete.

Der Mönch erzählte mir, dass Traumyoga bei der Meditationspraxis in luziden Träumen verwendet wird, um sich auf den Prozess des Sterbens und die Erfahrung des Todes vorzubereiten und Erkenntnisse über die Beschaffenheit der Wachwelt zu gewinnen. Wir unterhielten uns über meditierende Yogis, die bewusst in eine Traumwelt eintreten, und über Lamas, die den Klartraumzustand nutzen, um ihr Bewusstsein im Daseinsbereich des Reinen Landes abzustreifen. Ich war wie gebannt.

Ich begann, Bücher über das Thema zu verschlingen, und erfuhr, dass Klartraumtraining dazu dient, uns mit dem »Bardo-Zustand nach dem Tod« vertraut zu machen[65] – einem traumähnlichen, halluzinatorischen Zwischenzustand, in den wir gelangen, wenn sich der Geist im Augenblick des Todes vom Körper trennt. Wenn wir das Klarträumen zum Zeitpunkt des Todes beherrschen, können wir im traumähnlichen Bardo-Zustand nach dem Tod luzid werden, die Natur des menschlichen Geistes erfassen und volle spirituelle Erleuchtung erlangen. Klarträume werden im Tibetischen Buddhismus sehr ernst genommen.

Ich sprach mit meinem Lehrer, dem tibetischen Traumyoga-Meister Lama Yeshe Rinpoche, im Samye-Ling-Kloster in Schottland, dem er als Abt vorsteht, und fragte ihn, welche Rolle Traumyoga im Tibetischen Buddhismus spielt.

»Traumyoga ist eine wichtige Praxis für unsere buddhistische Schule«, erklärte er. »In unserer Tradition gibt es die sogenannten Sechs Yogas von Nariopa (auch Pfad der sechsfachen Vollendung des Geistes genannt), die zu den tiefgründigen Meditationstechniken zählen. Eine dieser sechs kontemplativen Praktiken ist das Traumyoga.

»Im Traumyoga machen wir uns mit Übungen vertraut, die uns helfen, den Traum als solchen zu erkennen und luzide zu werden. Sobald uns im Traum bewusst wird, dass wir träumen, ist alles möglich, sodass wir lernen können, verschiedene Planeten zu bereisen, ein Objekt in tausend und tausend Objekte wieder in eines zu verwandeln.«

Dann erkundigte ich mich nach der Beziehung zwischen Tod und Klartraum.

»Tod und Träumen, das ist das Gleiche, es handelt sich lediglich um unterschiedliche Auslegungen. Sobald wir den luziden Bewusstseinszustand in unseren Träumen verinnerlicht haben, können wir den Todes-Bardo, den Zustand im Augenblick des Todes, ebenfalls als Traum betrachten. Das hat zur Folge, dass wir dem Tod ohne Angst begegnen, denn wir wissen, dass wir den Eintritt des Todes-Bardos zweifelsfrei erkennen und zu vollem Bewusstsein erwachen.«

»Woran liegt es Ihrer Meinung nach, dass man Klarträumen heute so großes Interesse entgegenbringt, Rinpoche?«, fragte ich.

»Der Westen ist inzwischen bereit für diese Praktiken, weil in diesen modernen Zeiten jeder mit sich selbst beschäftigt ist, mit dem ›Ich‹, und das weckt den Anschein, als sei alles im Leben festgefügt und real. Im Klartraum ist das ›Ich-Gefühl‹ weniger fest, weniger real.«

»Weil wir im Klartraum alles sein können; alles geschieht im Geist?«, warf ich ein.

»Ja! Natürlich! Klarträume befreien uns von der Verfestigung des ›Ich‹. Und wenn es kein ›Ich‹ gibt, gibt es auch kein Leid, weil kein ›Ich‹ existiert, das Leid erfährt. Klarträumen schützt uns – es zeigt uns losgelöst vom Selbst und wirkt wie ein Sicherheitsnetz, das dazu beiträgt, uns mit den Möglichkeiten des Traum-Alltags vertraut zu machen.

Durch luzides Träumen erkennen wir, dass unser Alltagsleben ebenfalls einem Traum gleicht, einem längeren Traum, aber nichtsdestoweniger einem Traum. In Wahrheit gibt es keine Realität. Wenn wir zu dieser Erkenntnis gelangt sind, verliert das tägliche Leben viel von seiner Festlegung und wir sehen, dass das Wesen von allem auf der Unverfälschtheit des bedingungslosen Mitgefühls beruht – genau wie ein Traum.«

KAUM ZU GLAUBEN, ABER WAHR

In einigen Schulen des Tibetischen Buddhismus wird empfohlen, aufrecht sitzend in Meditationshaltung zu schlafen, um den luziden Zustand die ganze Nacht über beizubehalten. Wem das ein wenig zu extrem erscheint, kann auch ein dickeres Kopfkissen benutzen, das dazu beitragen soll, im Traum Klarheit zu bewahren.

Die Tradition der Tolteken und Mexihkas

Weitere altüberlieferte Traumpraktiken, mit denen ich außerhalb des Tibetischen Buddhismus die meisten persönlichen Erfahrungen gemacht habe, findet man bei den Tolteken und Mexihkas. Während ich dieses Buch schrieb, hatte ich gemeinsam mit meinem Freund und Lehrer Sergio Magaña die Hälfte meiner Klartraum-Weltreise zurückgelegt. Sergio ist Autor des Buches *The Toltec Secret* und wurde 2013 zum UNESCO-Sonderbotschafter für den Erhalt des kulturellen Erbes der Tolteken und Mexihkas ernannt.

Ich zapfte Sergios Wissen um die Ursprünge dieser Traumarbeit-Tradition an und er erzählte mir: »Es gibt zwei Versionen, die erklären, woher die Traumpraktiken der Tolteken und Mexihkas ursprünglich stammten. In der mündlichen Überlieferung heißt es, dass es eine Gruppe von Menschen gab, das sogenannte ›Volk des Mondhofs‹, das vor fünfzigtausend Jahren in der prähistorischen Stadt Teotihuacán lebte und zu den ersten Klarträumern gehörte. Dort entwickelten sich zwei verschiedene Schulen des sogenannten *Nagualismus:* der Glaube an Geister in Tier- oder Pflanzengestalt, ein altüberliefertes, im Traum erworbenes mystisches Wissen, über das die Seher im alten Mexiko verfügten.

Eine der beiden Schulen war diejenige der Mexihkas (der Mondmenschen). Sie benutzten Pflanzen wie den halluzinogenen Peyotl-Kaktus zur Bewusstseinserweiterung und verzehrten u. a. pulverisierte Schlangen, um den Geist der Schlange aufzufordern, ihnen im Traum zu erscheinen.

Die zweite Schule war diejenige der Tolteken. Sie stützte sich primär auf Atemtechniken, die auf den mathematischen Gesetzen des Universums aufbauten, bezog aber auch rituelle Tänze ein. Aus diesen beiden Schulen gingen die neuzeitlicheren Kulturen der Tolteken und Mexihkas während der letzten tausend Jahre ihres Bestehens hervor.«

»Und was ist mit der anderen Version?«, fragte ich.

»Die andere Version, die offizielle, sollte ich hinzufügen, besagt, dass die Chichimeken, auch ›Das Volk der zweifachen Macht‹, wachend und schlafend, ein Nomadenstamm, der in den USA und Mexiko lebte, mit diesen Praktiken vor ungefähr 4000 Jahren begann. Diese Traumpraktiken sind heute jedoch so gut wie ausgestorben. Ich habe in ganz Mexiko nur vier Personen gefunden, die tiefere Kenntnis davon hatten. Das liegt daran, dass der letzte Aztekenherrscher befahl, die Schätze vor den anrückenden Eroberern zu verstecken – die Spanier dachten, es sei Gold, doch der wahre Schatz war das geheime Wissen um die Traumpraktiken. Damals wurde vorausgesagt, dass diese Schätze mit dem Aufgang der sechsten Sonne wieder auftauchen würden. Das Zeitalter der sechsten Sonne hat im Jahre 2012 begonnen, also müsste das Geheimnis dieser uralten Praktiken irgendwann in nächster Zeit ein weiteres Mal enthüllt werden.«

Ich fragte Sergio, wie er überhaupt auf diese Praktiken aufmerksam geworden war. »Meine Kinderfrau gehörte zu den vier Personen, die mit diesen Traumpraktiken vertraut waren. Sie war die Tochter eines Heilers, eines *curandero,* der großes Ansehen genoss und einer indigenen Volksgruppe, den *Otomis,* angehörte. Sie wusste einiges über die Traumwelt, und so kam ich zum ersten Mal damit in Berührung. Viele Jahre später fand ich meine Lehrer.«

Sergio schilderte einige der Klartraumtechniken innerhalb dieser Tradition. »Die wichtigsten sind bestimmte Atemübungen, die wir vor dem Einschlafen machen, um Träume herbeizuführen, vor allem Klarträume. Es gibt auch ein paar Techniken für Fortgeschrittene wie die *chac mool*-Technik, die ebenfalls Atemarbeit beinhaltet und bewirkt, dass sich das eigene Abbild verändert, wenn man in einen Obsidianspiegel schaut.

Mithilfe dieser Technik kann man entscheiden, wie man in der Traumwelt antreten möchte, je nachdem, an welchem Aspekt des Lebens man arbeiten möchte: Heilung oder Fülle beispielsweise, oder welches Thema auch immer.

Wir halten in unseren Träumen auch nach dem Geist von Sonne, Mond und Sternen Ausschau. Vorher findet ein Vollmond-Ritual mit vielen Traumsuchenden statt, und später können die Teilnehmer, die klarträumen, in den Träumen der anderen erscheinen.«

Schamanische Klarträume

Es gibt eine wunderbare Geschichte von einem Journalisten, der die ganze Welt bereiste, um indigene Stämme zu erforschen. Als er erklärte, er sei Amerikaner, fragten ihn drei Stammesführer an drei verschiedenen Enden der Welt unabhängig voneinander: »Du bist Amerikaner? Kennst du Stanley Krippner? Er hat eine Zeitlang bei uns gelebt.«

Ich hatte die Ehre, den legendären achtzigjährigen Anthropologen 2013 bei der *Gateways of the Mind*-*Konferenz* kennenzulernen, und die Gelegenheit, mit ihm über schamanische Klartraumpraktiken aus aller Welt zu sprechen.

Dr. Krippner klärte mich zunächst darüber auf, was man unter »Schamanen« versteht: »Sie sind von ihrer Gesellschaft anerkannte Praktizierende und haben Zugang zu Informationen, die andere Mitglieder ihrer Ethnie nicht haben. Diese Informationen dienen dazu, zu heilen oder zu helfen. Klarträume sind eine dieser Informationsquellen.«

»Klarträume spielen also eine zentrale Rolle in einigen schamanischen Traditionen?«, fragte ich.

»Ein Schamane, mit dem ich in Brasilien sprach, meinte, dass ›jeder, der träumt, an einem Aspekt des Schamanismus teilhat‹, obwohl ich keine schamanische Tradition kenne, in der Klarträume eine *zentrale* Rolle spielen. Aber es gibt natürlich einzelne Schamanen, die Klarträume als zentrales Element betrachten. Eine meiner Studentinnen schrieb ihre Doktorarbeit über einen amerikanischen Medizinmann namens ›Rolling Thunder‹, der ein ›Traumwanderer‹ war und die Fähigkeit besaß, sich in die Träume der Menschen zu versetzen und ihnen Heilung anzubieten.

Und wie Sie vielleicht wissen, wird die Klartraumpraxis von vielen tibetischen Lamas gepflegt, eine Tradition, die auf die alte, aus dem Schamanismus entstandene Bön-Religion zurückzuführen ist.«

Ich fragte Dr. Krippner, warum luzide Träume für einige der praktizierenden Schamanen so wichtig sind.

»Klarträume hatten und haben in diesen Traditionen noch heute einen hohen Stellenwert, weil Träume für sie das Tor zu anderen Welten darstellen. Wenn man seine Träume zu lenken versteht, kann man auf direktem Weg an diese Schwelle gelangen. Sie haben auch praktische Vorteile: Der

Schamane kann in seinen Klarträumen herausfinden, welche Kräuter für die Heilung eines Kranken nötig sind oder welche Rituale Regen herbeiführen.«

»Offenbar nutzen die Schamanen Klarträume für wesentlich praktischere Zwecke als im Westen, wo sie oft als eine Form von Entspannung angewandt werden«, stellte ich fest.

»Stimmt. Viele Vertreter der komparativen Theologie behaupten, dass die Klarträumer fernöstlicher Herkunft Methoden einsetzen, die wesentlich komplexer und fortgeschrittener sind als diejenigen, die der Westen seit einiger Zeit für sich entdeckt hat.«

Und schließlich konnte ich nicht widerstehen, den Mann, der wie kein anderer die Aufmerksamkeit des Westens auf die Pflanzenmedizin gerichtet hat, die Frage zu stellen, ob man Klarträume mit den Erfahrungen vergleichen könne, die durch Ayahuasca herbeigeführt werden.

Ayahuasca, auch *Yagé* genannt, ist ein wässriger Auszug aus zwei Pflanzenarten – der Ayahuasca-Liane *(Banisteriopsis caapi)* und den Blättern des Chacruna-Strauchs *(Psychotria viridis);* das Getränk enthält die halluzinogene Substanz Dimethyltryptamin (DMT) und ist Bestandteil des überlieferten Medizinwissens in der Amazonasregion.

»Obwohl einige Anthropologen mutmaßen, dass die Klartraumpraxis eine kognitive Entwicklung ist, die neurologische Veränderungen beim Träumenden hervorrufen kann – ähnlich wie bei der Initiation in den Gebrauch von Ayahuasca –, ist die einzige direkte Verbindung zwischen Ayahuasca-Erfahrungen und Klarträumen, dass viele Konsumenten des Gebräus behaupten, sie hätten danach luzide Träume gehabt. Aber diese Aussagen sind nicht belegt. Bisher wurden keine wissenschaftlich fundierten Studien zu diesem Thema durchgeführt.«

Luzide Sufis und islamische Traumarbeit

Der Sufismus ist eine mystische Strömung oder Dimension des Islam[66] mit einer engen Verbindung zu Traumarbeit und Klarträumen, die sich wie ein roter Faden durch die theoretischen und praktischen Lehren ziehen. Der spanische Sufi Ibn al-Arabi sagte einmal: »Ein Mensch muss lernen, seine Gedanken im Traum zu lenken. Die dabei erforderliche Aufmerksamkeit durch Übung zu schärfen wird ihm große Vorteile einbringen.«[67] Er ermutigte zum Klartraumtraining mit der Empfehlung: »Jeder sollte danach streben, diese Fähigkeit zu erwerben.«

Ich sprach mit Nigel Hamilton, dem Repräsentanten des Internationalen Sufi-Ordens in Großbritannien, über die Klartraumpraxis in seiner Tradition. Er sagte: »Die arabischen Sufi-Orden sprechen von Offenbarungen, die sie im Traum erhalten. Aber das größte Potenzial wird der Tatsache beigemessen, dass diese zu Visionen im Wachzustand führen können.«

Er fügte hinzu: »Infolge der Interaktionen zwischen Sufis und indischen Yogis findet man im Sufismus einige Klartraumpraktiken, die ursprünglich aus der indischen Vedanta-Philosophie stammen. Einige dieser Praktiken beinhalten Meditationen über einen roten Punkt im Dritten Auge, dem Stirnchakra, die allem Anschein nach Ähnlichkeit mit bestimmten Traumyogatechniken des Tibetischen Buddhismus haben.«

Seit seiner Gründung vor mehr als 1400 Jahren hat der gesamte Islam, nicht nur der Sufismus, eine enge Beziehung zum Träumen. Schon der Prophet Mohammed nutzte seine Träume, um seinen Anhängern Belehrungen auf militärischem und religiösem Gebiet zu erteilen, und ein großer Teil des Korans beruht auf Offenbarungen, die ihm im Traum erschienen. Es gibt sogar einen Koranvers, der besagt, Traumarbeit sei »die erste Wissenschaft seit Anbeginn der Welt«.[68]

Der Prophet »pflegte seine Schüler jeden Morgen nach ihren Träumen zu fragen und Deutungen anzubieten«.[69] Interessanterweise wurde der islamische Gebetsruf *(Adhan)* von Mohammed eingeführt, nachdem einer seiner Schüler davon geträumt und ihm von seinem Traum berichtet hatte.

Im Islam gibt es außerdem eine formalisierte Traumpraxis, »Istikhara« genannt. Diese speziellen Gebete werden tagsüber rezitiert, um während der Nacht einen Traum mit einer Eingebung zu erhalten, die als Orientierungshilfe bei Entscheidungen dient.[70]

Die Xhosa in Südafrika

Ich kenne den südafrikanischen Sangoma (Schamanen) John Lockley seit Jahren. Von ihm erfuhr ich einiges über die Praktiken der Traumarbeit beim Volk der Xhosa, zu dem er gehört.

John erklärte mir, die Sangoma-Kultur der Xhosa sei eine alte mündliche Tradition mit Lehren und Praktiken, die von einer Generation zur nächsten weitergegeben wurden.

»Der Stamm der Xhosa ist eng mit den Khoisan-Volksgruppen verbunden (den Buschmännern), die bekanntlich zu den ersten Bewohnern der südlichen afrikanischen Regionen gehörten. Sie waren Jäger und Sammler, die seit dem achtzehnten Jahrhundert Mischehen mit den Xhosa eingingen, und es heißt, dass einige der Traumpraktiken, mit denen die Sangomas der Xhosa heute arbeiten, ursprünglich von der Khoisan-Bevölkerungsgruppe stammten.«

Ich fragte John, wie weit die Traumpraktiken der Xhosa heute noch bekannt sind. »Die Sangomas der Xhosa und ihre Lehrlinge, aber auch die Sangomas anderer Stämme sind bestens damit vertraut«, erwiderte er. »Ich möchte dazu beitragen, dass diese indigenen Traumpraktiken weltweit bekannt werden. Wie mir scheint, haben sie in der westlichen Welt kaum Aufmerksamkeit geweckt.«

Ich erkundigte mich, was ihn bewogen hatte, sich mit der indigenen afrikanischen Traumarbeit zu befassen, vor allem als weißer Südafrikaner, der im Zeitalter der Apartheid aufgewachsen war.

»Als ich achtzehn Jahre alt war, hatte ich einen Traum. Darin erging der Ruf an mich, ein traditioneller Sangoma-Medizinmann zu werden. Mir wurde auch prophezeit, dass ich schwer erkranken würde, wenn ich diesem Ruf folgen würde. Diese Krankheit nennt man ›twaza‹ oder ›Krankheit der Berufung‹, die bei Sangoma-Initiationen weit verbreitet ist.

Meine ›twaza‹-Krankheit war wirklich schrecklich. Ich hatte hohes Fieber und nächtliche Schweißausbrüche, litt unter Panikattacken und Depressionen. Am Ende hatte ich jedoch das Gefühl, von einem gewaltigen Energiestrom erfasst worden zu sein. Diese nervöse Energie, die mich durchströmte, wird in Südafrika ›umbilini‹ genannt. Er gleicht dem Kundalini-Konzept in den indischen Traditionen.«

»Und was geschah dann?«

»Nun, als Weißem war mir der Zutritt zu den Townships, den separaten Wohngebieten der schwarzen Bevölkerung, untersagt, deshalb fand ich keinen Sangoma-Lehrer. Doch meine Träume wiesen mir einen Weg, diese Hürde zu umgehen. Sie lenkten meine Aufmerksamkeit zuerst auf den Zen-Buddhismus und eröffneten mir die Möglichkeit, mit einem Zen-Meister in Südkorea zusammenzuarbeiten. 1994 kehrte ich nach Südafrika zurück, als Mandela Präsident wurde und die Apartheid schließlich endete. Ein paar Jahre später fand ich meine Lehrerin, eine Sangoma, die bestätigte, dass meine Traumerfahrungen mich mit den uralten Ritualen ihres Volkes vertraut gemacht hatten.«

Ich fragte John, worin diese »Rituale« bestanden.

»Im Wesentlichen gibt es drei Schlüsselpraktiken, die Träume anregen und dabei helfen, auch in unserem Alltag Klarheit zu gewinnen. Dabei geht es um Rhythmusarbeit, Heilpflanzen und Gebete zu den Ahnen. Der Rhythmus der Sangomas ist auf den Herzschlag abgestimmt und wird auf einer großen Trommel erzeugt, der ›isiguba‹. Wir tanzen zu diesem Rhythmus.

Der Gebrauch von Heilpflanzen soll dazu beitragen, den Körper zu reinigen, sowohl innerlich als Heiltrank als auch äußerlich durch Auftragen auf die Haut bei rituellen Waschungen. Normalerweise werden dazu nicht-halluzinogene Pflanzen verwendet.

Und natürlich ist das Gebet ein wichtiges Element dieses Weges. Die Sangomas beten zu ihren Ahnen, den Schutzgeistern und uThixo – dem Großen Geist. Sie beten auf eine ganz bestimmte, rhythmische Weise, sodass die Gebete aus ihren Knochen und ihrem Blut aufsteigen können. All das hat große Auswirkung auf die Träume.«

Fühlen Sie sich von diesen unterschiedlichen Klartraumtraditionen inspiriert? Dann kehren wir nun zu einem Merkmal zurück, das alle Traditionen gleichermaßen kennzeichnet: die praktischen Übungen!

5. Toolbox: Zugang zum Eisberg

Unsere Werkzeugkoffer füllen sich schnell, deshalb befassen wir uns nun mit einer klassischen Klartraumtechnik, die man in vielen der zuvor beschriebenen Traumtraditionen findet. Sie ermöglicht uns einen direkten Zugang zum Eisberg des Unbewussten, ohne die Bewusstheit zu verlieren.

Bewusst einschlafen

Für viele Menschen ist das bewusste Einschlafen (Falling Asleep Consciously, FAC) der Heilige Gral der Klartraumpraxis, doch in Wirklichkeit handelt es sich um eine Fähigkeit, die jeder lernen kann. Obwohl es unter Umständen lange dauert, bis man sie beherrscht, habe ich diese Methode zahlreichen Leuten beigebracht und festgestellt, dass sie innerhalb weniger Wochen erfolgreich angewendet wurde – manchmal sogar schon in der ersten Nacht.

FAC verbindet Elemente der WILD-Technik (Wake-Initiated Lucid Dream, aus dem Wachzustand eingeleiteter Klartraum) mit einigen der von mir entwickelten Techniken und dem Element der meditativen Achtsamkeit. Das Ziel besteht darin, über den hypnagogen Zustand in den REM-Traumschlaf zu gelangen, ohne in eine Schlafparalyse abzugleiten oder die Bewusstheit zu verlieren. FAC ist eine Technik, die unglaublich einfach klingt, sich aber oft nur schwer in die Praxis umsetzen lässt, denn dabei werden körperliche und geistige Funktionen heruntergefahren, während Teile des Bewusstseins hellwach und aktiv bleiben.

Ich empfehle Ihnen, diese Technik nach kurzem Aufwachen in den letzten Stunden des Schlafzyklus zu üben, wenn

Sie aus dem hypnagogen Zustand direkt in die REM-Traumphase übergehen können. Wie in der zweiten Toolbox beschrieben, kann es nach dem erstmaligen Einschlafen achtzig Minuten dauern, bevor die erste Traumphase beginnt, aber wenn Sie dafür sorgen, dass Sie in den frühen Morgenstunden aufwachen (entweder auf natürlichem Weg oder mithilfe eines Weckers) und gleich darauf wieder einschlafen, stellt sich die Traumphase innerhalb von fünfzehn Minuten ein. Bei dieser Technik gilt: Je unmittelbarer der Eintritt in den Traumzustand, desto besser.

In der Folge werden drei Versionen der FAC-Technik beschrieben, die ich unterrichte und die mir besonders gut gefallen.

DIE FAC-TECHNIK (FALLING ASLEEP CONSCIOUSLY)

Fünf Schritte zum hypnagogen Eintauchen

Um bewusst in den Traumzustand zu gelangen, gehen Sie vor wie ein Surfer. Paddeln Sie durch die hypnagoge Bilderflut, lassen Sie sich von der Strömung tragen und tauchen Sie bewusst in die Traumwelle ein. Wenn Sie einen ausgeprägten mentalen Gleichgewichtssinn haben und achtsam sind, ist diese Technik ideal für Sie!

1. Wecken Sie sich nach mindestens viereinhalb Stunden Schlaf und notieren Sie Ihre Träume. Dann nehmen Sie sich fest vor, einen Klartraum zu haben. Schließen Sie die Augen und lassen Sie sich in den Schlaf zurückgleiten.
2. Beim Eintritt in den hypnagogen Zustand richten Sie Ihre Aufmerksamkeit sanft auf die hypnagoge Bilderwelt; gleiten Sie hindurch, während sie sich Schicht für Schicht aufbaut. Es geht darum, so wach zu bleiben, dass Sie nicht in den unbewussten Traumzustand hineingezogen werden.
3. Halten Sie die hypnagogen Bilder, die vor Ihrem inneren

Auge auftauchen, nicht fest, aber wehren Sie sie auch nicht ab. Liegen Sie einfach da und beobachten Sie das Geschehen, bis es sich nach Ihrem Empfinden ausreichend entwickelt hat, um bewusst in die Traumlandschaft einzutauchen. Wenn Sie merken, dass der luzide Zustand verblasst, kehren Sie mit Ihrer Aufmerksamkeit zu den hypnagogen Bildern zurück. Sie werden sich weiterhin aufbauen, Schicht für Schicht, bis sie wieder zu einer echten Traumlandschaft verschmolzen sind. Dieses Auf und Ab zu verfolgen ist eine wunderbare Erfahrung.

4. Wenn sich die Traumlandschaft verdichtet, haben Sie vielleicht das Gefühl, Sie würden magisch davon angezogen oder von einem Sog erfasst. Das deutet darauf hin, dass die Traumwelle nun ihre volle Kraft erreicht hat. Surfer sprechen vom Peak, dem höchsten Punkt der Welle.
5. Wenn Sie diesen Bewusstseinszustand noch ein paar Augenblicke aufrechterhalten können und bereit sind, sich fallen zu lassen, werden Sie feststellen, dass Sie im vollbewussten Zustand in den Traum eintauchen können.

Fünf Schritte zur Körper- und Atemlenkung

Wenn Sie ein gutes Körperempfinden haben (vielleicht gerne tanzen, Körperarbeit oder Yoga machen), spricht diese Version der FAC-Technik Sie vielleicht am meisten an. Sie beinhaltet einen Körperscan, bei dem Sie Ihre Aufmerksamkeit auf jede einzelne Region Ihres Körpers richten, während Sie in den Schlaf abdriften und bewusst in den Traum eintreten.

1. Wecken Sie sich nach mindestens viereinhalb Stunden Schlaf auf und notieren Sie Ihre Träume. Dann nehmen Sie sich vor, im Traum Bewusstheit zu gewinnen. Schließen Sie die Augen und lassen Sie sich in den Schlaf zurückgleiten.
2. Beim Eintritt in den hypnagogen Zustand richten Sie Ihre

Aufmerksamkeit auf Ihre Körperempfindungen und den Atem. Die hypnagogen Bilder entstehen nach wie vor, doch statt sich auf sie zu fokussieren wie in der hypnagogen Eintauchtechnik, richten Sie die Aufmerksamkeit dieses Mal auf Ihre Körperempfindungen. Wenn Sie das Gefühl haben, dass der Zustand der Bewusstheit schwindet, fokussieren Sie sich einfach wieder auf Ihre Körperempfindungen und den Atem.

3. Vermutlich werden Sie feststellen, dass dabei ein systematischer Körperscan gute Dienste leistet. Alternativ können Sie Ihre Aufmerksamkeit auch auf die Körperempfindungen richten, die gerade auftauchen. Sich die Kontaktpunkte des Körpers mit dem Bett bewusst zu machen kann ebenfalls hilfreich sein.
4. Irgendwann spüren Sie wahrscheinlich die Körperparalyse, die den REM-Schlaf begleitet. Das ist kein Grund zur Panik, sondern bedeutet nur, dass Sie die Traumschwelle erreicht haben.
5. Sobald Sie in jede Region Ihres Körpers hineingespürt oder Ihre Aufmerksamkeit auf bestimmte Körperempfindungen gelenkt haben, machen Sie sich Ihren ganzen Körper und den Raum bewusst, den er einnimmt. Nehmen Sie Ihren ganzen Körper im Traum wahr und gestatten Sie Ihrem Geist, klar zu bleiben, wenn sich der Traum im hypnagogen Zustand aufbaut und Sie in den vollbewussten Zustand eintreten.

Fünf Schritte, um sich in den Schlaf zu zählen

Diese Version der Technik ist weder besonders meditativ noch erfordert sie eine ausgeprägte Körperwahrnehmung. Sie müssen lediglich in der Lage sein, Ihr reflexives Bewusstsein zu bewahren, wenn Sie sich in den Schlaf »abseilen«.

Durch die Kombination von Zählen und Wiederholen einer bestimmten Frage (oder Reflexion) beim Übergang vom Wachzustand in den Traum können Sie Ihre Bewusstheit nahtlos beibehalten.

1. Wecken Sie sich nach mindestens viereinhalb Stunden Schlaf auf und notieren Sie Ihre Träume. Dann nehmen Sie sich vor, im Traum Bewusstheit zu gewinnen. Schließen Sie die Augen und lassen Sie sich in den Schlaf zurückgleiten.
2. Beim Eintritt in den hypnagogen Zustand hinterfragen Sie ständig Ihren Bewusstseinszustand, während Sie sich in den Traumzustand zählen. Beispielsweise *Eins: Träume ich? Zwei: Träume ich?* usw. Ich ziehe die Formulierung *Eins: Bin ich luzid? Zwei: Bin ich luzid?* bei dieser Technik vor, aber nehmen Sie jede beliebige, die sich für Sie richtig anfühlt.
3. In den ersten Minuten antworten Sie vermutlich *Nein, ich bin noch wach,* aber wenn Sie bis zwanzig und darüber hinaus gezählt haben, lautet die Antwort wahrscheinlich *Ich befinde mich jetzt im hypnagogen Zustand.*
4. Wenn Sie es schaffen, bis dreißig, vierzig oder gar fünfzig zu zählen, ohne dass sich Ihr Bewusstsein ausschaltet, heißt es vielleicht *Beinahe! Der hypnagoge Zustand verdichtet sich!* Beschränken Sie sich jedoch auf die Zahlen im zweistelligen Bereich. Wenn Sie über hundert hinausgelangen, sind Sie über das Ziel hinausgeschossen und zu wach.
5. Das Ziel ist eine Antwort wie *Einundsechzig: Träume ich? Halt … ja, ich träume! Ich bin luzid!,* wenn Sie feststellen, dass Sie den Traum vollbewusst erleben.

Die multiple Aufwachtechnik

Im Tibetischen Buddhismus heißt es, wenn wir abends einschlafen und morgens aufwachen, haben wir nur *eine* Gelegenheit, bewusst aufzuwachen – eine einzige Chance, uns an unsere Träume zu erinnern, und eine einzige Chance, Klartraumtechniken anzuwenden. Doch wenn wir nachts drei Mal aufwachen und drei Mal wieder einschlafen, verdreifachen wir die potenzielle Erfolgsrate! Dieser Gedanke stellt das Fundament der multiplen Aufwachtechnik dar.

In den ersten viereinhalb Stunden nach dem Einschlafen tritt der tiefste und erholsamste Schlaf ein, deshalb sollten wir diese Phase nicht unterbrechen. Danach beginnen die längeren Traumperioden, wobei die letzten beiden Stunden des Schlafzyklus die beste Zeit sind, um zu träumen.

Und keine Sorge: Wenn wir die Aufwachzeiten auf die Schlafzyklen von jeweils neunzig Minuten Dauer abstimmen, fühlen wir uns am nächsten Tag keine Spur weniger ausgeruht.

Bei den Klartraum-Retreats, die ich leite, werden die Aufwachzeiten normalerweise auf 3.30 Uhr, 5.00 Uhr, 6.30 Uhr und 8.00 Uhr festgelegt; Zubettgehzeit ist 22.30 Uhr. Das fühlt sich jede Nacht wie eine neunstündige spirituelle Pyjama-Party an!

Und das geht so: Stellen Sie den Wecker, sodass Sie nach mindestens viereinhalb Stunden Schlaf aufwachen, und sobald Sie fünf oder zehn Minuten lang Ihre Träume notiert haben, stellen Sie den Wecker so, dass er neunzig Minuten später erneut klingelt; dann schlafen Sie mithilfe Ihrer ausgewählten Klartraumtechnik wieder ein. Wiederholen Sie den Durchgang so oft wie nötig.

Im Traum bleiben

Da Sie nun über fünf »Werkzeugkästen« mit Techniken verfügen, mit denen Sie arbeiten können, werden sich bald die ersten luziden Träume einstellen (falls Sie nicht schon früher welche hatten). Deshalb wenden wir uns nun der Frage zu, wie wir den Klartraumzustand bewahren, wenn wir ihn erreicht haben.

Wie im ersten Kapitel erwähnt, läuft die erste Klartraumerfahrung für Einsteiger ungefähr folgendermaßen ab: Jemand träumt vor sich hin, ohne dass ihm bewusst ist, dass er träumt, und plötzlich geschieht etwas Seltsames und er denkt: *Halt, Moment mal, das ist doch ein Traum! Ich träume bei vollem Bewusstsein. O mein Gott! Das ist ja …*

Und im selben Augenblick wacht er vor lauter Aufregung auf. Aufregung und Staunen sind zwei meiner Lieblingsgefühle, aber wenn wir mehr als ein paar Sekunden luzid bleiben wollen, müssen wir lernen, beides in Schach zu halten. Der Mann, der mir beibrachte, wie man das macht, ist Robert Waggoner – einer der führenden Experten auf dem Gebiet des Klarträumens. Deshalb wird er Ihnen nun Tipps geben, wie Sie im Traum »cool« bleiben, sprich, Ruhe und Gelassenheit bewahren.

TIPPS VON PROFIS: RUHE BEWAHREN UND WEITERTRÄUMEN

Sie haben es geschafft! Sie sind luzide! Unglaublich, aber Sie befinden sich mitten in einem Traum (stehen, gleiten oder schweben) und wissen, dass Sie träumen. Ein tolles Gefühl. Doch es gibt einen Widersacher, der den Stecker zieht, Ihrem Klartraumabenteuer ein jähes Ende bereitet und dafür sorgt, dass Ihre Traumwelt verschwindet – *Ihre Gefühle.* Fast jeder

Klarträumer stellt irgendwann fest, dass zu viel emotionale Intensität ihn aus dem luziden Traum katapultiert. Deshalb ist das erste Gebot, wenn Sie den luziden Zustand erreicht haben: Ruhe bewahren und weiterträumen.

Die emotionale Intensität unterscheidet sich von einem Klarträumer zum anderen. Sie werden vielleicht erstaunt sein, wie viel Freude, Euphorie und Entzücken Sie verarbeiten können, bevor Sie die Auswurf-Taste für den Klartraum betätigen. Doch irgendwann werden Sie entdecken, dass dem Ausmaß von Gefühlen, die Sie im Klartraum verkraften können, Grenzen gesetzt sind.

- Was nun? Ganz einfach. In meinen Workshops empfehle ich Klartraum-Einsteigern, das Ausmaß der Gefühle zu überwachen. Wenn Sie glauben, dass Sie über Gebühr aufgeregt sind, machen Sie folgende Übungen:
- Fordern Sie sich mental auf, *ruhig zu werden, zu entspannen, locker zu lassen.* Diese einfache Suggestion kann bewirken, dass sich die Intensität des Gefühls augenblicklich verringert.
- Lenken Sie den Blick gezielt von allen Traumbildern weg, die Ihre Gefühle verstärken. Wenn Sie im Traum Brad Pitt oder Angelina Jolie vor sich sehen, nehmen Sie Ihre Emotionen an die Leine! Schauen Sie auf den Boden oder auf Ihre Füße. Wenn Sie die aufregende Szene bewusst ausblenden, werden die Gefühle oft erheblich gedämpft. Wenn Sie ruhiger geworden sind, können Sie sich natürlich ein Autogramm geben lassen, im Traum angeregt und luzide mit den beiden plaudern oder sie auf einen Rundflug durch die Traumlandschaft mitnehmen.
- Und schließlich können Sie auch ein paar Sekunden lang Ihre Hände betrachten, um die Intensität der Gefühle zu reduzieren und Ihr Bewusstsein zu zentrieren. Diese Technik

habe ich von Carlos Castaneda gelernt, der sie in seinem Buch *Reise nach Ixtlan: Die Lehre des Don Juan* beschrieb. Der gezielte Blick auf meine Hände trug nicht nur dazu bei, mich zu zentrieren, sondern schien auch meine Konzentration und Energie wieder zu beleben und sie auf Klarträume zu lenken, die weniger profan waren.

- Jetzt wissen Sie also, wie es geht. Diese drei praxistauglichen Techniken lassen sich immer dann einsetzen, wenn Sie einen Klartraum verlängern möchten und merken, dass Ihre Gefühle einen kritischen Pegel erreichen. Wenn Sie sich in Ihrem Klartraum nicht an alle erinnern können, führen Sie sich die einfache Absicht vor Augen: »Ruhig bleiben und weiterträumen«. Mit dieser Suggestion im Bewusstsein wird es Ihnen gelingen.

Charlies Toolbox-Checkliste

- Es kann dauern, bis man die FAC-Technik beherrscht. Lassen Sie sich deshalb ein paar Nächte Zeit, um jede einzelne Variante genau zu erkunden, bevor Sie zur nächsten übergehen.
- Die Technik des hypnagogen Eintauchens ist im Wesentlichen eine Meditation, die in den Schlafzustand übergeht. Wenn Sie Ihre Erfolgschancen verbessern möchten, führen Sie tagsüber Achtsamkeitsmeditationsübungen durch.
- Bei den multiplen Aufwachtechniken sollten Sie unbedingt den Wecker stellen, da sie sich über die ganze Nacht erstrecken; nur so können Sie sichergehen, dass Sie den Neunzig-Minuten-Rhythmus zwischen den einzelnen Phasen genau einhalten.
- Der Wecker ist bei diesen nächtlichen Aktivitäten ein unverzichtbares Hilfsmittel, deshalb sollten Sie ein Modell wählen, das Sie sanft und langsam aufweckt.

- Denken Sie an die regelmäßigen Einträge in Ihrem Traumtagebuch und an die Realitätstests, die Sie sich im Verlauf des Tages angewöhnen sollten. Erstellen Sie außerdem einen genauen Plan, welche Techniken Sie in welcher Nacht anwenden wollen.

Sieben

Klartraumfördernde Ernährung

Nachdem wir uns einen Überblick über mehr als ein Dutzend Klartraumtechniken verschafft haben, erkunden wir nun die Gaben der Natur, die luzide Träume fördern.

Traumfördernde Vitamine, Mineralien und Nahrungsmittel

Es gibt zahlreiche chemische Substanzen und Medikamente, von denen behauptet wird, dass sie luzide Träume herbeiführen, doch nichts geht über die Anwendung wirksamer Trauminduktionstechniken. Dennoch wurde wissenschaftlich nachgewiesen, dass es einige Vitamine und Mineralstoffe gibt, die dazu beitragen, das Traumgeschehen zu beleben und darüber hinaus auch den allgemeinen Gesundheitszustand zu verbessern.

Das Vitamin mit der stärksten Auswirkung auf unsere Träume scheint Vitamin B_6 zu sein. Eine US-amerikanische Studie des New York City College belegt, dass »zwischen den Probanden, die Vitamin B_6 erhielten, und den übrigen, die ein Placebo verabreicht bekamen, ein signifikanter Unterschied in der Lebendigkeit, Absonderlichkeit, Emotionalität und Farbigkeit der Träume bestand.«[71] Den Versuchspersonen wurde das B_6 in einer Dosierung von 250 mg verabreicht, ein ziemlicher Hammer; ich würde eine niedrigere Dosis von 100 mg in Kombination mit einem kleinen Imbiss vor dem Zubettgehen empfehlen.

Wie wirkt Vitamin B_6?

Vitamin B_6 wandelt Aminosäuren wie Tryptophan in Serotonin um, ein Neurotransmitter, der im REM-Traumschlaf eine kortikale Erregung bewirkt.[72] Diese Aktivierung des Gehirns verleiht den Träumen mehr Lebendigkeit. B_6 wurde auch mit einer Verbesserung der Gedächtnisleistung in Verbindung gebracht, sodass dieses »magische« Vitamin möglicherweise unsere Erinnerung an die lebhaften Träume unterstützt.

Einer Reihe weiterer B-Vitamine wie Cholin und B_5 wird ebenfalls nachgesagt, dass sie Träume intensivieren, was auf ihre Rolle bei der Produktion des REM-Neurotransmitters Acetylcholin zurückzuführen ist; der gesamte Vitamin-B-Komplex mit einer guten Dosis Vitamin B_6 müsste also den Zweck erfüllen. Da Nahrungsergänzungsmittel jedoch schädliche Nebenwirkungen hervorrufen können, ist Vorsicht geboten.

Muss ich Vitamin B_6 als Nahrungsergänzungsmittel einnehmen?

Nein – es ist viel besser, wenn es über die Nahrung aufgenommen werden kann. Vitamin B_6 ist in Vollkornprodukten, Leber und Fleisch, Eiern, Bohnen, Nüssen und Bananen enthalten. Gesunde Erwachsene haben einen Tagesbedarf von 1,3 mg Vitamin B_6 bei normaler Belastung, und der wird durch eine ausgewogene Ernährung gedeckt. Einige Experten glauben, um Träume merklich beeinflussen zu können, sei ein zusätzliches Vitamin B_6-Präparat unerlässlich, doch sie haben offensichtlich meine hausgemachten grünen Vitamin-B-Bomben noch nicht probiert. Das Rezept finden Sie in den Anmerkungen am Ende des Buches.[73]

Die Traumexpertin Rebecca Turner empfiehlt einen Mittelweg. Sie rät, ein paar Stunden vor dem Zubettgehen Nahrungsmittel zu sich zu nehmen, die Tryptophan enthalten (die von Vitamin B_6 umgewandelte Aminosäure), und etwa zeitgleich ein Vitamin B_6-Präparat einzunehmen. Zu den Nahrungsmitteln, die besonders reich an Tryptophan sind, gehören Huhn, Pute, Sojabohnen und Hartkäse. Es spricht offenbar einiges für die These, dass Käse lebhafte Träume auslöst.

Calcium und Magnesium

Für viele lässt sich ein erholsamer und ausreichender Schlaf durch eine einfache Ernährungsumstellung erzielen, wenn sie vermehrt Nahrungsmittel in ihren Speiseplan aufnehmen, die viel Calcium und Magnesium enthalten. Studien belegen, dass ein Mangel an diesen beiden Mineralstoffen zu Ein- und Durchschlafproblemen führen kann.

Calcium

Eine im *European Neurology Journal* veröffentlichte Studie gelangte zu dem Ergebnis, dass Schlafstörungen, vor allem in der REM- und Tiefschlafphase, häufig mit Calciummangel in Zusammenhang stehen.[74] Calcium unterstützt das Gehirn bei der Nutzung von Tryptophan, das benötigt wird, um die schlaffördernde Substanz Melatonin herzustellen, und je höher der Calciumgehalt im Organismus, desto mehr Melatonin wird produziert. An dem alten Hausmittel, vor dem Zubettgehen ein Glas Milch zu trinken, scheint also etwas dran zu sein – zumindest war das früher der Fall, denn der Calciumgehalt in nicht pasteurisierter Milch ist zwar hoch, aber durch die heutige Methode der Ultrahocherhitzung geht viel verloren.

Die *International Osteoporosis Foundation (IOF)* nennt Sardinen und junge Sprotten als Nahrungsmittel mit dem höchsten Calciumgehalt, neben Mandeln, Sesamsamen und Hartkäsesorten wie Parmesan oder Cheddar.[75]

Magnesium

Dieses Mineral spielt eine wichtige Rolle bei der Hydration, Muskelentspannung, Energieproduktion und, besonders wichtig, bei der Deaktivierung von Adrenalin. Magnesium ist unverzichtbar für die Funktion bestimmter Hirnrezeptoren, die vor dem Einschlafen ausgeschaltet werden müssen. Ohne diesen Prozess bleiben wir angespannt und unsere Gedanken rasen, während wir im Bett liegen und an die Decke starren.[76] Studien belegen, dass Magnesium innerhalb von Tagen Schlafmuster verändern kann. Ich selbst nehme es regelmäßig, um Körper und Geist zu entspannen, wenn ich bis spät am Abend beim Kampfsport-Training war.

Viele Leute, egal ob sie Fleischesser oder Vegetarier sind, leiden unter Magnesiummangel, vor allem deshalb, weil es in unserer heutigen Nahrung nur noch in winzigen Mengen vorhanden ist. Wenn man jedoch genug dunkles Blattgemüse (Spinat, Mangold, Wirsing etc.), Nüsse, Samen, Kerne (vor allem Kürbiskerne) und öligen Fisch zu sich nimmt, ist der tägliche Bedarf bald gedeckt.

Diejenigen, die Nahrungsergänzungsmittel bevorzugen,

finden Magnesium und B-Vitamine oft in einem Kombipräparat vereint, das mit einem kleinen Imbiss vor dem Zubettgehen eingenommen werden kann. Bei Verdauungsproblemen werden Mineralstoffe schlechter vom Körper resorbiert, deshalb können die Betroffenen auch auf magnesiumhaltige Körpersprays oder ein abendliches Bad mit Magnesiumsalz zurückgreifen, denn dabei wird Magnesium über die Haut aufgenommen.

Anmerkung: Alle oben erwähnten Vitamine und Mineralstoffe sind in der richtigen Dosierung unbedenklich und fördern lebhafte Träume, aber gewöhnen Sie sich nicht an, achtlos eine Pille einzuwerfen, um Ihre Klartraumpraxis zu unterstützen!

Alkohol und Träume vertragen sich nicht

Obwohl in einem halben Liter Guinness Spuren von Vitamin B enthalten sind, stellt Alkohol ein großes Hindernis für die Traumpraxis dar. Alkohol ist ein Sedativum, das die Denk- und Wahrnehmungsfähigkeit erheblich beeinträchtigt, sodass wir weniger geneigt sind, unseren Klartraumübungen nachzugehen und unser Verhalten bisweilen völlig aus dem Ruder läuft.

Laut Aussage des National Institute of Neurological Disorders and Stroke (eine US-amerikanische Organisation, die sich mit der Erforschung von Gehirn- und Nervenerkrankungen befasst), vermittelt übermäßiger Alkoholkonsum zwar das Gefühl, tief und fest zu schlafen, doch in Wirklichkeit fallen die Betroffenen nur in einen leichten Schlaf, ohne REM-Phase und die tiefen, erholsamen Schlafstadien.

Cannabis ist eine andere Droge, die sich auf die Traumphasen auswirkt und die Erinnerung an den Trauminhalt erschwert – ich spreche aus Erfahrung und von einer meiner Jugendsünden. Die Gewohnheit, »Gras« zu konsumieren, lässt sich nicht mit der Klartraumpraxis vereinbaren.

Essen wie im Norden

Meine Verlobte stammt aus Yorkshire im Norden Englands. Gemäß den Sitten ihrer Heimatregion nennt sie ihre Mittagsmahlzeit »Dinner« und nimmt sie die letzte Mahlzeit des Tages bereits um 17 Uhr zu sich. Als Londoner finde ich das viel zu früh für ein Abendessen, aber diese Gewohnheit hat einen Vorteil: Sie unterstützt das Klarträumen.

Je früher Sie zu Abend essen, desto leichter fällt es dem Körper, zur Schlafenszeit Ruhe zu finden. Wenn wir einschlafen, während das Verdauungssystem noch damit beschäftigt ist, die aufgenommene Nahrung zu verarbeiten, leitet der Körper Energie in den Darm ab, die eigentlich unserem Gehirn zugeführt werden sollte, als Kraftquelle für unsere Träume.

Während der Klartraum-Retreats, die ich leite, gibt es abends um sechs Uhr Suppe und Salat, um den Körper nicht zu belasten und uns auf die vor uns liegende Traumnacht optimal vorzubereiten. Viele buddhistische Mönche und Nonnen nehmen mittags die letzte Mahlzeit des Tages ein, und wenn sie abends noch etwas essen, dann etwas Leichtes, weil der Schlaf mit leerem Magen aus der Sicht des Tibetischen Buddhismus den inneren Energiefluss leichter durch das feingesponnene Netz der körpereigenen Energiekanäle lenkt.

Olfaktorische Unterstützung

Haben Sie jemals einen Geruch wahrgenommen, der lebhafte Erinnerungen an eine Situation in der Vergangenheit wachgerufen hat? Stellen Sie sich vor, dass diese Erinnerung als Traumzeichen dienen könnte. Die Geruchsassoziation ist eine Klartraumpraxis, die erstmals im neunzehnten Jahrhundert von dem Klartraumpionier Marquis d'Hervey de Saint Denys dokumentiert wurde.

Der französische Aristokrat benutzte während einer Reise in die Berge Südfrankreichs jeden Tag ein bestimmtes Parfüm, wieder zu Hause verwendete er es nicht mehr. Ein paar Monate später bat er seinen Kammerdiener, an beliebigen Abenden ein paar Tropfen des Duftes auf sein Kopfkissen zu träufeln, während er schlief. In jenen Nächten träumte er von den Bergen, wie er feststellte. Das Parfüm war ein Traumzeichen (weil er nicht mehr in den Bergen war), das ihm half, luzide zu werden.

Wenn Sie ein ähnliches Experiment machen oder Ihre Traumerinnerung einfach nur verbessern möchten, empfehle ich Ihnen, Rosmarinduft als olfaktorisches Hilfsmittel zu verwenden. Das Einatmen der Mikropartikel dieses Heil- und Küchenkrauts kurbeln nachgewiesenermaßen das Gedächtnis an, indem es die Enzyme hemmt, die eine wichtige zentrale Schaltstelle im Gehirn blockieren.[77]

Doch was ist mit den anderen Duftstoffen, die uns ins Land der luziden Träume befördern?

Beifuß

In Sanskrit *Nagadamni* genannt, wird Beifuß in der ayurvedischen Medizin seit Jahrhunderten zur Behandlung von Herzerkrankungen, bei Unwohlsein, Angstzuständen und generellen Gesundheitsproblemen verwendet. Beifuß gilt seit Ewigkeiten als verlässlich trauminduzierende Pflanze, vor allem bei Schamanen, die wissen, dass Räucherungen (den Körper mit Rauch umwedeln und einen Teil davon inhalieren) vor dem Zubettgehen zu einer beträchtlichen Verbesserung der Traumintensität und Traumerinnerungen führen.

Anmerkung: Schwangere sollten zu viel Beifuß meiden.

Muskatellersalbei

Diese Pflanze wird häufig in der Aromatherapie zur Linderung von Nervosität und Angstzuständen, Menstruationsproblemen und chronischen Schlafstörungen verwendet. Sie trägt außerdem zur Verstärkung der Traumintensität bei. Obwohl sie nicht besonders ansprechend duftet, habe ich festgestellt, dass sich jedes Mal besonders intensive und lebhafte Träume einstellten, wenn ich abends ein paar Tropfen des ätherischen Öls auf ein Papiertaschentuch geträufelt und inhaliert hatte.

Anmerkung: Muskatellersalbei sollte nicht verwendet werden, wenn Sie Alkohol getrunken haben, da er in dieser Kombination offenbar zu Albträumen führen kann.[78]

KAUM ZU GLAUBEN, ABER WAHR

Abstoßende Gerüche können Angstträume auslösen. Deutsche Forscher haben entdeckt, dass Gerüche im Schlafzimmer erhebliche Auswirkungen auf unsere Träume haben können. Sie benutzten spezifische Duftstoffe, die gemeinhin als unangenehm oder angenehm gelten (beispielsweise verfaulte Eier und Rosen), um die Versuchspersonen während des Schlafs zu beeinflussen. Die Feststellung, dass Duftstoffe, die als unangenehm empfunden wurden, häufig zu unangenehmen Träumen führten, während Schlafräume mit Rosenduft Träume in den rosigsten Farben bescherten, überrascht wohl nicht.[79]

Camalonga-Samenessenz

Bei einer Tagung von *Gateways of the Mind* lernte ich eine Frau namens Mimi kennen, eine Schamanin, die sieben Jahre in der Amazonasregion gelebt hatte. Sie legte mir nahe, eine neue traumfördernde Essenz auszuprobieren, die sie aus dem Samen des Camalonga-Baumes (*Thevetia peruviana,* auch Gelber Schellenbaum genannt) hergestellt hatte – eine sogenannte Heildroge oder »Meisterpflanze der Schamanen«, die auf die Traumzeit einwirkt und luzide und lebhafte Träume hervorruft.

Ich bat Mimi, mir mehr über diese Essenz zu erzählen. Traditionell wird sie von einem Schamanen durch Mazerieren von männlichen und weiblichen Camalonga-Samen und den zwittrigen Blüten des Kampferbaums in Zuckerrohrschnaps hergestellt. Das Gebräu wird vor dem Zubettgehen eingenommen. Die Camalonga-Geister werden dadurch heraufbeschworen, kanalisieren die Energie während des Traums und führen somit zu Klarträumen. Mimi erklärte mir, die spirituellen Kräfte der Pflanze befänden sich in dem Konzentrat und sie wären es, die Einfluss auf die Träume ausüben.

Das klang fantastisch, aber als ich entdeckte, dass es sich bei der Essenz lediglich um eine Mischung aus Brandy und

Wasser handelte, die keinerlei aktive Wirkstoffe des Schellenbaum-Samens enthielt – sondern nur ihren »Geist« –, beschloss ich, das Ganze zu vergessen. Und genau das tat ich mehrere Wochen. Eines Abends kam mir gleichwohl der Gedanke, es sei vielleicht doch einen Versuch wert. Nachdem ich meiner Verlobten im Scherz erklärt hatte, sechs Tropfen des Brandy-Wasser-Gemischs würden mir zumindest helfen, schnell einzuschlafen, driftete ich bald in einen wenig ereignisreichen hypnagogen Zustand ab.

Und dann setzten die Träume ein …

Ich hatte einige der weitreichendsten, mächtigsten luziden Träume seit langem, mit Albträumen und mehrmaligem falschen Erwachen! In den vier Nächten, in denen ich mit der Essenz aus Camalonga-Samen experimentierte, hatte ich sechs lange luzide Träume und mehrere nachhaltige »klärende« Träume von archetypischer Bedeutung. Nach ein paar Tagen Pause, die von relativ normalen Träumen gekennzeichnet waren, setzte ich die Einnahme fort und der Energieschub, den ich zuvor in meinen Klarträumen verspürt hatte, machte sich wieder bemerkbar. Das Mittel wirkte ohne Frage. Es schien, als wäre der Geist der Camalonga-Samen tatsächlich in dem Konzentrat enthalten und hätte meine Skepsis als perfekte Gelegenheit betrachtet, seine wahre Macht zu offenbaren.

Mondenergie

Viele Buddhisten lieben den Vollmond, und zur Zeit des Vollmonds werden immer besondere Rituale und Zeremonien abgehalten. Woher stammt die Liebe zum Vollmond? Fast alle wichtigen Ereignisse im Leben des historischen Buddha fanden an Vollmondtagen statt: seine Geburt, seine Erleuchtung und sein Tod.

Folglich heißt es, dass sich die Macht der Meditation an Vollmondtagen (und in Vollmondnächten) vervielfacht, deshalb finden zu diesem Zeitpunkt verschiedene, besonders intensive Meditationsübungen statt. In einigen buddhistischen Zentren hält man zum Beispiel in Vollmondnächten durchgehend von 18 Uhr abends bis 6 Uhr morgens Mitgefühlsmeditationen ab.

In alten indischen Überlieferungen heißt es, der Mond sei der Lenker des Wassers und übe, wie die anderen Planeten, beträchtlichen Einfluss auf die Menschen aus. Aber werden diese Überzeugungen durch die moderne Wissenschaft bestätigt? Obwohl die meisten Studien, die sich mit der Erforschung der Mondwirkung befasst haben, keinen Nachweis für diese These erbringen konnten, entdeckten einige einen interessanten Zusammenhang.

Eine Studie aus dem Jahr 2013, die im Journal *Current Biology* veröffentlicht wurde, belegt, dass sich der Vollmond sehr wohl auf unseren Schlaf auswirkt. Aus ihr geht hervor, dass die Versuchspersonen in den drei oder vier Vollmondnächten fünf Minuten länger zum Einschlafen brauchten und im Durchschnitt zwanzig Minuten weniger schliefen. Dazu kam, dass die mit dem Tiefschlaf verbundene und vom EEG aufgezeichnete elektrische Aktivität des Gehirns um dreißig Prozent zurückging, genau wie die Produktion des Schlafhormons Melatonin.[80]

Für Klarträumer sind das fantastische Neuigkeiten, denn wenn wir langsamer einschlafen, verweilen wir länger im hypnagogen Zustand, und die verringerte Zeitspanne, die wir im Tiefschlaf verbringen, mehrt die Chancen auf einen bewussten Zugang zu den REM-Traumphasen. Wenn wir diese Erkenntnisse mit der buddhistischen Sichtweise kombinieren, dass der Einfluss des Vollmonds die spirituelle Praxis um ein Vielfaches intensiviert, ist die gezielte Planung luzider Träume in Vollmondnächten ideal!

KAUM ZU GLAUBEN, ABER WAHR

Obwohl es keinen wissenschaftlichen Nachweis für die Überzeugung gibt, dass zu Zeiten des Mondwechsels häufiger mentale Probleme auftreten, gelangt eine im *Time*-Magazin erwähnte Studie zu der Schlussfolgerung, dass eine lunare Verbindung zur elektrochemischen Aktivität im Gehirn von Epilepsiepatienten besteht: Sie veränderte sich in den wenigen Tagen rund um den Neumond und erhöhte die Wahrscheinlichkeit epileptischer Anfälle.[81]

Doch damit genug vom Mond. Kehren wir mithilfe der Techniken in unserer sechsten und letzten Toolbox zu den Möglichkeiten zurück, in eigener Regie Licht in das Dunkel der Nacht zu bringen.

6. Toolbox: Nutzung des Klartraumpotenzials

Wir haben nun fünf »Werkzeugkästen« mit Techniken, die uns den Zugang zu luziden Träumen erleichtern. Deshalb wenden wir uns jetzt den *Aktivitäten* innerhalb der Klarträume zu. Sobald wir bewusst träumen, können wir so ziemlich alles tun, wonach uns der Sinn steht (zumindest, solange unser Unterbewusstsein mitspielt). Doch statt luzide Träume auf heiße Nächte mit Filmstars und Flüge rund um den Globus zu beschränken, sollten wir ihr Potenzial für Erfahrungen nutzen, die unsere Entwicklung langfristig fördern.

Klartraumplanung

Die Planung eines Klartraums ist eine Technik für sich, denn wenn wir die Absicht festlegen, in unserem nächsten luziden Traum eine ganz bestimmte Erfahrung zu machen, schaffen wir nicht nur die Voraussetzungen für dieses spezielle Traumgeschehen, sondern wir wecken auch die Erwartung, im Traum Bewusstheit zu erlangen.

In meinen Workshops findet die Klartraumplanung in drei Stufen statt: Einen Traumplan schreiben, den Traumplan zeichnen (das Traumbewusstsein arbeitet mit Bildern, die Zeichnung dient also der Unterstützung) und ein *Sankalpa* formulieren (ein Begriff aus dem Sanskrit, der unter anderem Wille, Vorsatz oder auch Affirmation bedeutet), eine Absichtserklärung. Doch zuvor möchte ich Ihnen anhand meines Traumtagebuchs schildern, wie ich meine Klarträume gestaltet habe, vielleicht eine kleine Anregung für Ihre eigenen Traumpläne.

- Im Traum gebeten, in Kontakt mit einer Verkörperung meines inneren Kindes zu treten. Habe den kleinen Jungen umarmt, als er erschien, und ihm gesagt, dass ich ihn liebe.
- Habe im Klartraum alles rot gefärbt, um einen »roten Traum« zu erleben. In der Tolteken-Mexihka-Traumtradition ist damit der Glaube an eine Erfahrung der Heilung und Wiedergeburt verbunden, weil das Licht, das durch die Haut der Mutter gefiltert bis zu ihrem ungeborenen Kind dringt, rot ist.
- Habe im luziden Traum meditiert und am Himmel über mir einen riesigen Amitabha-Buddha manifestiert (den Buddha des unendlichen Lichts); habe dabei das Amitabha-Gebet gesprochen.
- Habe erforscht, wie sich die Wahrnehmung der Zeit im luziden Zustand verändern lässt, indem man bestimmte Szenen des Traumgeschehens willentlich verlangsamt oder beschleunigt.
- Habe die Affirmation »Ich bin glücklich, gesund und hilfsbereit in jeder erdenklichen Weise … ich bin glücklich, gesund und hilfsbereit in jeder erdenklichen Weise« durch ständige Wiederholung während des Klartraums in mein Bewusstsein eingepflanzt.
- Habe im Klartraum gefragt: »Was ist die Essenz von Großherzigkeit und Mitgefühl?«; wurde in eine unendliche Leere katapultiert, in der ich die Antwort erhielt: »Das Universum liebt jedes Lebewesen, jetzt und immerdar, auch du wirst von ihm geliebt. Das ist die Essenz der Großherzigkeit.«
- Habe meine Kurzsichtigkeit im Klartraum geheilt, durch Handauflegen in Verbindung mit der Affirmation: »Mit meiner Augenmuskulatur gibt es kein Problem mehr! Meine Augen sind geheilt!«

Es liegt ganz bei Ihnen, ob Sie einen dieser Traumpläne selber ausprobieren oder, noch besser, einen Traumplan nach Ihren eigenen Vorstellungen entwickeln möchten. Wie, zeige ich Ihnen jetzt.

FÜNF SCHRITTE ZUR KLARTRAUMPLANUNG

1. Notieren Sie stichpunktartig Ideen für Ihren nächsten Klartraum. Welche Fragen möchten Sie stellen? Welchen Aktivitäten würden Sie gerne nachgehen? Mit welchem Bereich Ihrer Psyche wollen Sie sich auseinandersetzen?
2. Sobald Sie Ihren Traumplan grob umrissen haben, arbeiten Sie ihn genauer aus. Beginnen Sie mit »In meinem nächsten Klartraum möchte ich …«; dann beschreiben Sie mit Worten, was Ihnen vorschwebt.
3. Fertigen Sie als Nächstes eine kleine Zeichnung von Ihrem Klartraum an. Ich beschränke mich dabei auf Strichmännchen und Sprechblasen, aber wenn Sie eine künstlerische Ader haben, gestalten Sie Ihren Traumplan ruhig ausführlicher.
4. Formulieren Sie nun Ihr *Sankalpa,* Ihre Absichtserklärung. Sie sollte kurz und prägnant den Kerngehalt Ihres Traumplans zusammenfassen. Statt beispielsweise eine langatmige Beschreibung zu liefern, dass Sie Ihrem inneren Kind begegnen und es liebevoll umarmen wollen, könnte Ihr *Sankalpa* in Kurzform lauten: »Kontakt mit innerem Kind«. Ihr Traumplan kann so lang und detailliert sein, wie Sie möchten, aber das *Sankalpa* sollte kurz und bündig sein.
5. Der letzte Schritt findet erst dann statt, wenn Sie das nächste Mal einen Klartraum haben. Sobald Ihnen bewusst wird, dass Sie träumen, rufen Sie sich Ihren Traumplan in Erinnerung, rufen laut Ihr *Sankalpa* ab und setzen den von Ihnen gewählten Traumplan um.

Der Klartraumtank

Ich habe meinen Lehrer, Lama Yeshe Rinpoche, einmal gefragt, warum sich Klarträume bisweilen ohne große Mühe einstellen, während ich bei anderen Gelegenheiten das Gefühl habe, darum kämpfen zu müssen. Er erwiderte: »Das ist ähnlich wie bei einem Flugzeug, das zu einem Höhenflug startet: Wir brauchen einen vollen Treibstofftank, um abheben zu können. Das gilt auch für luzide Träume. Ohne vollen Tank geht es nicht.«

Ein voller Tank? Und der Treibstoff, mit dem er gefüllt sein sollte? Innere Kraft, Lebensenergie – sie sind unerlässlich, um Bewusstheit im Traum zu erlangen.

Unsere Aufgabe besteht darin, herauszufinden, was dazu beiträgt, unseren persönlichen Klartraumtank zu füllen und zu leeren. In welchem Maße er gefüllt ist, hängt nicht vom physischen Energieniveau ab (obwohl das Gefühl der Erschöpfung zur Schlafenszeit Klarträume erschweren kann), sondern vom Chi. Chi ist ein chinesischer Begriff und bedeutet »Lebenskraft« – er beruht auf einer ähnlichen ideellen Grundlage wie das Konzept des Prana (Lebensatem, Lebenshauch) im Buddhismus –, und oft bestimmt das jeweilige Ausmaß des Chi, wie leicht sich luzide Träume einstellen.

Wir können unser Chi mehren, beispielsweise mit Energiearbeit wie Qigong, Yoga oder fernöstlichen Kampfkünsten (Martial Arts), aber auch mit kreativen Aktivitäten, einer gezielten Förderung der Körperwahrnehmung durch Tanz oder Spiel, ja sogar dann, wenn wir durch Lachen oder großherzige Gesten die Produktion des Hormons Oxytocin erhöhen.

Bei jedem Menschen füllt und leert sich der Klartraumtank auf einzigartige, individuelle Weise, deshalb sollten Sie darauf achten, worauf es bei Ihnen anspricht. Für mich sind Tanz, Meditation und Energiearbeit, Großherzigkeit und Lachen absolut sichere Methoden, meine Reserven aufzufüllen, sowohl während des Tages als auch in der Nacht. Sogar dann, wenn ich vor dem Zubettgehen zehn Minuten lang laut über Videos auf YouTube lache, ist mein Klartraumtank vor dem Einschlafen gefüllt!

Umgekehrt habe ich festgestellt: Wenn ich vor dem Zubettgehen geschäftliche E-Mails lese, mir banale Fernsehsendungen anschaue oder einen Blick in die Erzeugnisse der Klatschpresse werfe, fühle ich mich ausgelaugt, als hätte mein Klartraumtank ein Leck, durch das mein Chi versickert.

Deshalb ist es wichtig, festzustellen, womit Sie *Ihren* Klartraumtank am besten füllen.

FÜNF SCHRITTE ZUM AUFFÜLLEN DES KLARTRAUMTANKS

1. Zeichnen Sie die Umrisse Ihres Klartraumtanks auf ein Blatt Papier, groß genug, um hineinschreiben zu können Sie können ihn ganz nach Belieben gestalten; meiner sieht oft wie ein Ölfass oder Benzinkanister aus.
2. Denken Sie darüber nach, was Ihnen das Gefühl gibt, im Wachzustand achtsamer, energiegeladener und klarer zu sein.
3. Notieren oder zeichnen Sie in *das Innere* Ihres Klartraumtanks alle Dinge, die dazu beitragen, Ihre Reserven aufzustocken.
4. Überlegen Sie nun, was Ihre Klarheit, Achtsamkeit und Energie beeinträchtigt. Notieren Sie nun an der *Außenfläche* Ihres Klartraumtanks alle Dinge, die dazu beitragen, diese Ressourcen zu vergeuden. Sie können Ihre Zeichnung auch durch kleine Pfeile ergänzen, die von diesen Klar-

traumkillern ausgehen, Ihren Tank durchbohren und ein Versickern des Chi, der Lebensenergie, zur Folge haben.

5. Und schließlich geloben Sie sich feierlich, alles zu tun, um Ihren Klartraumtank aufzufüllen, und nach Möglichkeit alles zu meiden, was ihn leert. Bewahren Sie Ihre Zeichnung neben dem Bett oder in Ihrem Traumtagebuch auf, um sich diese Übung in Erinnerung zu rufen.

Die Klartraumpraxis vertiefen

Bevor wir die letzte Toolbox schließen, werfen wir noch einen Blick auf verschiedene Möglichkeiten, unsere Klartraumpraxis weiterzuentwickeln – die dazu beitragen können, das Training zu intensivieren und unsere Fähigkeiten auf diesem Gebiet stetig zu verbessern.

Meditieren

Der Erfolg vieler Klartraumtechniken hängt von der Fähigkeit ab, den Geist in Schach zu halten und die Achtsamkeit zu bewahren. Wenn Sie also ernsthaft entschlossen sind, Zugang zur Welt der luziden Träume zu gewinnen, macht es Sinn, meditieren zu lernen. Ich persönlich empfehle Ihnen Achtsamkeitsmeditationen, wenn Sie Ihre Klartraumpraxis auf einem festen Fundament aufbauen möchten. Achtsamkeit ist an keine religiöse Überzeugung gebunden, sondern stützt sich auf das einfache Bestreben, »zu erkennen, was geschieht, während es geschieht, ohne Werturteil oder persönliche Präferenzen«.

Klarträumen ist nicht nur gleichbedeutend mit einer Achtsamkeitsmeditation, sondern *ist* eine Form der Achtsamkeitsmeditation – das Bestreben, zu erkennen, dass wir träumen, während wir träumen (hoffentlich ohne Werturteil) – und daher für Klarträumer ideal.

Kurzschlaf

Das »kleine Nickerchen« ist sowohl für die psychische als auch für die physische Gesundheit von großem Vorteil. Es füllt die Kraftreserven des Körpers wieder auf und bewirkt, dass sich anschließende Aktivitäten gleich welcher Art leichter und kreativer bewältigen lassen. Es ist auch für die Klartraumpraxis von großem Nutzen! Wenn wir einen Mittagsschlaf machen, gelangen wir meistens ohne Umwege in die REM-Traumschlafphase und bleiben dort beinahe für die gesamte Dauer der »Siesta«, ohne weit in den von Deltawellen gekennzeichneten Tiefschlaf abzugleiten. Das bedeutet, dass wir einen direkten Zugang zum Traumzustand erhalten. Die größten Vorteile bringt ein Kurzschlaf zwischen zwanzig Minuten und einer Stunde mit sich.

Lebenslanges Lernen

Dieses Praxishandbuch für Einsteiger beschreibt nur die Grundlagen des Klartraumtrainings, aber es gibt unzählige weitere Techniken, die zu erkunden sich lohnt, und Dutzende fantastischer Bücher, um Ihre Kenntnisse zu vertiefen; also packen Sie's an! (Ich empfehle *Lucid Dreaming: Gateway to the Inner Self* von Robert Waggoner und natürlich mein Buch *Dreams of Awakening* für alle, die sich für das Klartraumtraining in Verbindung mit dem spirituellen Weg interessieren.)

Erforschen des hypnopompen Zustands

Als Fan des hypnopompen Zustands finde ich es sehr bedauerlich, dass in diesem Buch der Platz fehlt, um uns ausführlicher mit diesem erstaunlichen Bewusstseinszustand zu befassen, aber ich möchte wenigstens Ihr Interesse wecken. Wie bereits erwähnt, ist der hypnopompe Zustand eine mentale Übergangsphase, im Grenzbereich zwischen Schlaf und vollem Erwachen angesiedelt. Er tritt ein, kurz bevor sämtliche Hirnareale wieder voll aktiv und die Augen in der Regel noch geschlossen sind.

Typisch für diesen Zustand ist das sanfte Heraufdämmern geistiger Klarheit, deshalb möchten wir am liebsten noch ein wenig länger auf dieser Bewusstseinsebene verweilen, eine Übung, die zu den anspruchsvollsten zählt. Dazu müssen wir uns entweder mit geschlossenen Augen langsam und stufenweise aufwecken oder den Aus-Knopf des Weckers betätigen und liegen bleiben, um die Panoramabilder der Traumlandschaft noch ungefähr zehn Minuten ausklingen zu lassen.

Die hypnopompe Phase bietet außerdem einen hervorragenden Zugang zum Klartraumzustand, da sie es uns ermöglicht, durch die Hintertür in den Traum zurück zu gelangen. Das ist eine der bevorzugten Techniken meiner Verlobten Jade, die jeden Morgen im hypnopompen Zustand verweilt, während ich aufstehe und im Schlafzimmer herumpoltere. Tritt eine Ruhepause in meinen geräuschvollen Aktivitäten ein, findet sie leichter in ihren vollbewussten Klartraum zurück. Probieren Sie es selbst aus!

Einen Trainingsplan aufstellen

So wie Sie Ihre wöchentlichen Besuche im Fitness-Center einplanen, sollten Sie auch Ihrem Klartraumtraining einen festen Platz in Ihrem Terminkalender einräumen. Einträge ins Traumtagebuch und das Üben der Weird-Technik sollten jeden Tag auf dem Programm stehen, aber für die meisten Menschen wäre es schwierig, jede Nacht WBTB (Aufwachen-und-Zurück-ins Bett) oder die Multiple Aufwachtechnik zu üben und jede Nacht dreimal in Folge den Wecker zu stellen.

Am besten ist es also, wenigstens einen Tag in der Woche für das nächtliche Klartraumtraining einzuplanen, vorzugsweise, wenn Sie am nächsten Morgen nicht allzu früh aufstehen müssen. Wählen Sie die Techniken aus, die Sie üben möchten, und halten Sie sich diszipliniert an Ihren Plan.

Vergessen Sie nicht: Das Training soll Spaß machen

Planung und Disziplin sind wichtig, aber Übungen zu verkrampft und starr anzugehen ist der beste Weg, um Klarträume zu *blockieren.* Einige Leute entwickeln einen solchen Ehrgeiz, damit es endlich mit den luziden Träumen klappt, dass sie nicht einmal im Schlaf abschalten können. Natürlich sollen wir uns vergewissern, dass wir angemessen üben, aber dabei ist es von Vorteil, sich ein Gefühl der Unbeschwertheit zu bewahren. Und nicht zu vergessen, dass das Training Spaß machen soll!

Charlies Toolbox-Checkliste

- Planen Sie, was Sie in Ihrem nächsten Klartraum tun wollen. Es steht Ihnen frei, mehrere Traumpläne zu entwickeln, aus denen Sie wählen können. Denken Sie daran, dass die Fähigkeit, den Klartraum zu lenken, weitgehend von unserer Überzeugung abhängt, dass im Traum alles möglich ist, und vom Ausmaß der Vertrautheit mit unserem eigenen Unterbewusstsein. Denken Sie also daran, dass Ihre Traumpläne so umsetzbar sind, wie Sie glauben.

- Achten Sie darauf, was Ihren Klartraumtank auffüllt und was ihn leert. Das ändert sich natürlich im Laufe der Zeit, deshalb sollten Sie regelmäßig nachforschen.
- Lassen Sie sich nicht entmutigen, wenn sich die Klarträume nicht auf Anhieb einstellen. Obwohl einige Leute schon während der ersten Trainingstage luzide Träume haben, brauchen die meisten Wochen, bis sich die ersten Ergebnisse bemerkbar machen, und Monate, bis sie verlässlich erzielt werden. Klarträumen ist kein Kinderspiel, aber das trifft auf fast alle Fertigkeiten zu, die zu lernen sich lohnt. Bleiben Sie daher am Ball!
- Denken Sie nicht, die Reise sei zu Ende, wenn Sie das Buch durchgelesen haben – nehmen Sie sich fest vor, weiter zu lernen, weiter zu forschen und weiter in die Welt der luziden Träume vorzudringen!

Acht

Heilung, Träume von Toten und luzide Lebensweise

Im letzten Kapitel sind wir gerüstet, uns in die ozeanische Tiefe der Klarträume hinab zu wagen, um deren Wunder und Eigentümlichkeiten zu erkunden. Doch zuerst tauchen wir nur unsere Zehen in das unglaubliche – aber überaus reale – Potenzial der Klartraumheilung.

Wie bereits erwähnt, können wir mentale Traumata, die einem Albtraum gleichen, mithilfe von Klarträumen aufarbeiten, aber sie leisten auch bei *physischen* Traumata gute Dienste. So wie wir durch die »vollkommene Visualisierung« im Klartraumzustand mentale Genesung erzielen können, ist auch Heilung des Körpers auf diesem Weg möglich. Studien (wissenschaftliche und empirische) weisen zunehmend darauf hin, dass wir in der Lage sind, im Schlaf physische Selbstheilungskräfte zu aktivieren.

Klarträume als Therapie

Zahlreichen Menschen wurde durch verschiedene Formen der Visualisierung im Wachzustand geholfen, von einer Krankheit zu genesen. Eine dieser Methoden erfordert, dass sich die Patienten eine Manifestation ihres Immunsystems als farbiges Licht vorstellen, das ihre kranken Zellen heilt.

Eine Studie aus dem Jahr 2008, die im *Journal for the Society of Integrative Oncology* veröffentlicht wurde, belegt, dass diese Form des visualisierten Selbstheilungsprozesses sogar das Risiko einer erneuten Brustkrebserkrankung mindern kann. In anderen Studien wurde nachgewiesen, dass die visualisierte Selbsttherapie dazu beitragen kann, Stress abzubauen, das Immunsystem zu stärken und bei vielen Patienten Schmerzen zu lindern.[82] Ein großer Teil dieser Techniken ist indes nur begrenzt wirksam, weil ihr Erfolg von der individuellen Visualisierungsfähigkeit abhängt.

Klarträume lösen dieses Problem, denn ein Klartraum ist vielleicht die intensivste und umfassendste Form der Visualisierung, die wir Menschen jemals erreichen. Das heißt, visualisierte Therapiemethoden können im Klartraum deutlich effektiver sein als im Wachzustand. Diese Annahme stimmt auch mit den Belehrungen des Tibetischen Buddhismus überein. Dort heißt es, dass Visualisierungen in einem luziden Traum »erheblich wirkungsvoller sind als Visualisierungen im Wachzustand«.[83]

Die namhafte US-amerikanische Traumforscherin Jayne Gackenbach von der Universität Virginia zitiert Beispiele für eine Klartraumheilung bei allen nur erdenklichen Gesundheitsproblemen, von der Nikotinabhängigkeit bis hin zu Nesselausschlag und Übergewicht. Auch in Robert Waggoners Buch *Lucid Dreaming: Gateway to the Inner Self* finden sich zahlreiche Belege für das Potenzial der Klartraumtherapie, und Sergio Magaña, Lehrer der Tolteken-Mexihka-Tradition, hat miterlebt, wie sich seine Schüler, die an Schilddrüsenerkrankungen und Nervenschäden litten, durch Klarträume heilten.

Ich selbst konnte mich durch luzides Träumen von allen möglichen Gesundheitsproblemen befreien, vom Suchtverhalten bis hin zu Ohreninfektionen. Es ist mir sogar gelungen, meine Kurzsichtigkeit auf ähnlichem Weg zu therapieren. Ich trage schon seit mehr als neun Monaten keine Brille mehr.

Und wie aktivieren wir unsere Selbstheilungskräfte im Klartraumzustand? Wenn Sie beispielsweise an einer Ohrenentzündung erkrankt sind, könnte die Methode des Handauflegens helfen (oft hat man dabei das Gefühl, dass weißes Licht aus den Händen fließt), unterstützt von der festen, mehrfach laut wiederholten Absicht, wieder gesund zu werden, beispielsweise »Mein Ohr ist geheilt, mein Immunsystem ist gestärkt!«

Wenn Sie einem anderen Menschen Heilenergie schicken wollen, legen Sie im Klartraum einfach laut und deutlich Ihre Absicht fest: »Möge meine Freundin A glücklich und gesund sein! Möge A von ihrer Krankheit befreit sein!« Vielleicht fügen Sie eine Projektion dieser Person in Ihren Traum ein und legen ihr direkt die Hand auf.

Ein Mensch glaubt mehr als alle anderen an die Macht der Selbsttherapie im Klartraum, nicht zuletzt deshalb, weil er auf diesem Weg von seiner Nierenerkrankung geheilt wurde.

Fallstudie: Heilung bei einer Nierenerkrankung

Name: Bruno, Argentinien
Alter: 32 Jahre

Brunos Bericht: Ende 2011 stellten die Ärzte eine Nierenerkrankung bei mir fest, eine chronische Niereninsuffizienz. Laut Diagnose war eine Nierentransplantation unumgänglich, sonst hätte ich in ein paar Jahren eine Dialyse benötigt. Aufgrund der Erkrankung begann ich zu meditieren, und dadurch entdeckte ich das Klarträumen. Ich bin nicht sicher, ob sich die Niereninsuffizienz durch einen ganz bestimmten Klartraum besserte, den ich hatte, aber er spielte eine Schlüsselrolle. Ich denke, die Heilung war auch auf die zahlreichen Erkenntnisse zurückzuführen, zu denen ich durch das Meditieren gelangte – ich musste lernen, meine Nieren aus einer anderen Warte zu betrachten –, doch diese Meditationen veranlassten mich, das Klarträumen zu erlernen, und so hängt alles zusammen, schätze ich.

Als ich mit der Klartraumpraxis begann, wurde mir zu meinem Glück bewusst, dass mein Selbst nicht so real war, wie ich gedacht hatte, und ich erkannte, dass die Geschichte von mir und meiner Krankheit ebenfalls eine irreale Dimension besaß. Das Selbstmitleid loszulassen half mir, mich auch von der Macht der Krankheit zu befreien.

Brunos Traumprotokoll: Es war eigentlich ein kurzer Traum. Ich ging durch eine uralte Marmorhalle und mir wurde plötzlich bewusst, dass ich träumte. Ich spürte, wie ich von hinten einen Schlag erhielt, und fiel zu Boden. Sofort erinnerte ich mich an meinen Traumplan: Heilung meiner Nieren.

Im Klartraumzustand legte ich beide Hände auf meinen Rücken, über den Nierenbereich, und begann, heilende Energie auszustrahlen, vor allem auf dieses Organ. Plötzlich nahm ich so etwas wie einen elektrischen Strom wahr, der aus meinen Händen in den Rücken und in meine Nieren floss. Ein Gefühl, als würde mich etwas kitzeln. Das Ganze dauerte ungefähr zehn Sekunden. Dann wachte ich auf.

Brunos Leben nach dem Traum: Der gesamte Heilungsprozess dauerte über ein Jahr, aber ich kann versichern, dass sich die Niereninsuffizienz nach dem Klartraum nicht weiter verschlechterte und sich mein Kreatininwert bei etwa 6,5 einpendelte – und stabil geblieben ist seit neun Monaten.

Nach dem Klartraum gelangte ich zu einer weiteren Erkenntnis: Mir wurde bewusst, dass ich eigentlich gar nicht um die Heilung meiner Nieren bitten, sondern ihnen vielmehr danken sollte, weil sie bisher so gute Arbeit geleistet hatten. Deshalb begann ich, ihnen Energie zu schicken und mich dafür zu bedanken, dass sie mich schon so lange am Leben halten, statt sie zu bitten, nun von ihrer Krankheit zu genesen.

Ich denke, hier kamen viele Dinge zusammen, um eine weitere Verschlechterung der Nierenfunktion zu verhindern; alles begann damit, dass ich mich mit meinen Nieren und meiner Situation ausgesöhnt habe, doch der Klartraum war dabei der letzte, entscheidende Schritt.

Brunos Erfahrung ist inspirierend, nicht nur als anschauliches Beispiel für eine Klartraumheilung, sondern auch wegen der Erkenntnis, dass luzide Träume nur ein Teil des Prozesses sind: Sie bieten auch eine neue Perspektive, gestützt auf eine »luzide Lebensweise«, die sich sowohl aus der Meditation als auch aus dem Klartraumtraining ableiten lässt und eine gleichermaßen wichtige Rolle für die Genesung spielen.

Die Klartraumtherapie steckt gegenwärtig noch in den Kinderschuhen, doch angesichts künftiger Forschungsprojekte und des wachsenden Interesses an diesem Thema sind wir in einigen Jahren möglicherweise in der Lage, sie bei einer wesentlich breiter gefächerten Palette von Gesundheitsproblemen anzuwenden, vielleicht sogar als Teil der Behandlung von schwerwiegenden Erkrankungen.

Trauminhalte: Das anders geartete eine Prozent

Erinnern Sie sich noch an die ozeanische Tiefe der Traumwelt, in die wir eintauchen wollten? Eine der seltsamsten Wellen in diesem faszinierenden Ozean ist »das anders geartete eine Prozent«. Die Rede ist nicht von dem einen Prozent der Mitglieder einer Gesellschaft, die zur Elite gehören, sondern von dem einen Prozent der Trauminhalte, die aus einem anderen Stoff gemacht zu sein scheinen als wir selbst.

Ich bin der festen Überzeugung, dass die große Mehrheit der Klartrauminhalte aus Projektionen unseres Geistes besteht. Da Wissenschaftler uns mithilfe einer Analyse unserer Hirnaktivitäten inzwischen sagen können, wovon wir träumen[84] (unglaublich, aber wahr, wie aus den Informationen in den Anmerkungen hervorgeht), könnte man areduktionistisch behaupten, dass das Gehirn bei der Erzeugung und Gestaltung unserer Träume eine Rolle spielt; das bedeutet, dass Träume und Klarträume zumindest teilweise ein Produkt unseres Gehirns sind.

Obwohl unser Gehirn nach meiner Auffassung mehr Empfänger als Schöpfer des menschlichen Bewusstseins ist, glaube ich, dass Träume in erster Linie ein Produkt der individuellen Psyche sind. Dennoch scheint sich ein kleiner, wenngleich wichtiger Teil unserer Klartraumerfahrungen – vielleicht 1 Prozent, vielleicht aber auch eher 10 Prozent bei denjenigen, die ihn gezielt fördern – aus einer Quelle herzuleiten, die über unsere persönlichen Vorstellungen, Gedanken und Wahrnehmungen hinausgeht.

Woraus besteht das eine Prozent?

Aus zahlreichen Traumberichten, Quellen des Tibetischen Buddhismus und meinen eigenen Forschungen lässt sich die Schlussfolgerung ableiten, dass sich dieses eine Prozent der Trauminhalte in erster Linie aus den allgegenwärtigen, allgemeingültigen Archetypen des kollektiven Unbewussten und Einblicken in das kosmische Bewusstsein zusammensetzt, das noch darüber hinausgeht.

Dieses eine Prozent kann beispielsweise auch aus der Energie oder zumindest aus dem energetischen Abdruck von verstorbenen Angehörigen bestehen, denen wir uns zu Lebzeiten eng verbunden fühlten. Ich weiß, das alles klingt weit hergeholt, aber bitte führen Sie einen Realitätstest durch und üben Sie Nachsicht mit mir.

Obwohl die überwiegende Mehrheit der verstorbenen Angehörigen, denen wir in unseren Klarträumen begegnen, lediglich Projektionen des Geistes sind, die sich aus unserem Gedächtnis speisen, ist das nicht immer zu 100 Prozent der Fall.

Der buddhistische Meditationslehrer Rob Nairn äußerte einmal die Vermutung, dass unsere Vorfahren »ein Leichentuch aus bestimmten Verhaltensmustern hinterlassen haben könnten, das nach ihrem Tod fortbesteht« – ein Nachhall ihrer Energie, mit der wir manchmal nach ihrem Ableben in Verbindung treten können. Den Kontakt zu den energetischen Schwingungen eines verstorbenen Angehörigen herzustellen mag sich aus der überzeugenden, fest umrissenen Realität des Wachzustands nur schwer bewerkstelligen lassen, aber im mentalen Raum des Klartraums, der feinstofflicher und flexibler ist, dürfte das kein Problem sein.

Es scheint, als ob wir im Klartraum zu einem »Licht in der Dunkelheit« werden können, zu dem sich unlängst verstorbene Angehörige hingezogen fühlen, solange sie noch damit ringen, ihre Nachtoderfahrung zu begreifen. Wenn verstorbene Verwandte in einem Klartraum Verbindung zu uns aufnehmen, ist es wichtig, ihnen zum einen zu versichern, dass sie nicht mehr unter den Lebenden weilen, und zum anderen, dass sie über ihren Tod hinaus geliebt werden. Solange sie ihren Tod nicht akzeptieren, sind sie außerstande, sämtliche Phasen des Nachtodprozesses zu durchlaufen. Und selbst wenn es sich bei den Personen, denen wir in unseren Klarträumen begegnen, lediglich um Projektionen unseres eigenen Geistes handelt, sind sie wichtig, denn sie stellen für uns eine Möglichkeit dar, unsere Trauer und den Menschen, dem wir uns eng verbunden fühlten, loszulassen.

Ein anderer, weniger schauriger Aspekt des Trauminhalts, der sich auf ein Prozent unserer gesamten Traumerfahrungen beläuft, betrifft die spirituell erwachten Menschen. Eine Begleiterscheinung des vollen spirituellen Erwachens ist die Fähigkeit, sich in die Träume anderer einzubringen. Und was ist mit dem Rest der Menschen? Sind auch gewöhnliche Sterbliche, die »nicht voll Erwachten«, in der Lage, sich Zugang zu unseren Träumen zu verschaffen? Ja, aber nur dann, wenn wir die Absicht festgelegt haben, ihnen diesen Zugang zu gewähren. Unser Klartraumbewusstsein ist hochgradig verschlüsselt, nach meinem Dafürhalten in erheblich stärkerem Maß als das Wachbewusstsein. Es besteht also kein Grund zur Sorge, dass negative Wesenheiten eindringen könnten, denn ihnen fehlt die positive Energie, die mit dem spirituellen Erwachen einhergeht, und daher die Macht, die Traumwelt eines Menschen ohne sein Wissen zu betreten.

Wie erkenne ich das eine Prozent, wenn ich es sehe? Ganz intuitiv. Wenn Sie sich im luziden Zustand einem Aspekt dieser anders gearteten Klartrauminhalte gegenübersehen, werden Sie ihn erkennen. Diese Traumcharaktere wirken völlig anders als die restlichen Elemente in Ihrem Traum und haben eine Präsenz, die sich spürbar von der Präsenz anderer Traumfiguren unterscheidet.

Wenn plötzlich ein Hologramm in Ihrem Traum auftauchen würde, wären Sie in der Lage, es als Hologramm zu erkennen, wie realistisch es auch erscheinen mag, oder? Und woran erkennen Sie, worum es sich handelt? An der Energie, aus der jeder Körper besteht, und die ist bei einem »Speicherbild« spürbar anders geartet als bei einem Lebewesen. Genauso verhält es sich mit dem einen Prozent der Trauminhalte, die anders geartet sind als der Rest.

Eine meiner ersten Erfahrungen auf diesem Gebiet machte ich in einer Zeit, in der ich mir irrigerweise einbildete, ich könnte ungestraft mein Unterbewusstsein unterjochen. Zu Beginn meiner Tätigkeit als Leiter von Klartraum-Workshops fühlte ich mich irgendwann überfordert: Mir mangelte es an Erfahrung, ich war schließlich erst 25 Jahre alt, und die Entwicklung meiner beruflichen Aktivitäten verlief wesentlich rasanter als geplant. Um den Mangel an Kontrolle auszugleichen, begann ich, in meinen luziden Träumen so viel Kontrolle wie möglich auszuüben.

Einer meiner bevorzugten Tricks bestand darin, »HALT!« zu rufen und zu beobachten, wie der gesamte Klartraum auf einen Schlag zum Stillstand kam wie in dem Film *Matrix*. Dann marschierte ich um die Traumfiguren herum, die wie Salzsäulen dastanden, und blickte zu den Traumvögeln hinauf, die am Himmel ihre Kreise gezogen hatten und nun mitten im Flug erstarrt waren. Ich spüre, dass ich mein Unterbewusstsein dadurch einer großen Belastung aussetzte, aber ich machte unbeirrt weiter.

Eines Nachts befand ich mich mitten in einem Klartraum und wollte gerade mit lauter Stimme das Kommando »Stillstand!« erteilen, als plötzlich eine alte tibetische Frau wie aus dem Nichts auftauchte und mir auf die Schulter tippte. Die Berührung fühlte sich anders an als alles, was ich jemals zuvor im Klartraumzustand erlebt hatte. Sie blickte mich an und sagte: »Hör auf, deine Träume zu kontrollieren. Das mögen wir nicht.« Nun war es an mir, zu erstarren. Völlig entgeistert fragte ich mich: *Wer zum Teufel ist WIR?*

Scheinbar war die Tibeterin, die in meinem Klartraum erschien, Teil des einen Prozents der anders gearteten Trauminhalte: Ein allgegenwärtiger Archetyp (die weise Frau) des kollektiven Unbewussten, der freundlicherweise Kontakt mit mir aufgenommen hatte, um mich auf mein Fehlverhalten aufmerksam zu machen. Wer die mysteriösen »Wir« waren, auf die sie anspielte, entzieht sich noch heute meiner Kenntnis.

Das nächste Beispiel veranschaulicht, wie wir nicht nur das eine Prozent, sondern Klarträume generell als Möglichkeit der Selbstreflexion und Befreiung von Werturteilen nutzen können.

Fallstudie: Loslassen

Name: Millie, Großbritannien
Alter: 32 Jahre

Millies Bericht: Mein Vater starb, als ich zwölf Jahre alt war, und seit ich gelernt habe, Klarträume herbeizuführen, habe ich mich gefragt, ob ich dabei nicht irgendwie Kontakt zu ihm aufnehmen könnte. Ich musste ständig daran denken, wie wunderbar das wäre nach so langer Zeit. Ich hätte gerne von ihm erfahren, ob er weiß, wie unser Leben seither verlaufen ist, und ob er es gut findet, was wir daraus gemacht haben. Ich denke, diese Zustimmung war für mich besonders wichtig.

Millies Traumprotokoll: Ich träumte gerade ganz normal, als ich plötzlich zu fliegen begann. Fliegen ist mein Traumzeichen, deshalb machte ich einen Realitätscheck, um sicherzugehen. Ich blickte auf meine Hand und drehte sie um. Sie sah seltsam aus, und da wusste ich, dass es sich um einen Klartraum handelte.

Ich entdeckte eine Lücke am Himmel und wusste, dass sich dahinter eine tiefere Klartraumebene oder vielleicht das Tor zu irgendeiner anderen Sphäre befand. Auf der anderen Seite war es heller und ich wusste, dass ich dorthin gelangen musste. Und ZACK, schon passierte ich die Schwelle und landete in einem neuen Traumbereich, der hell und farbenfroh war.

Ich wusste auf Anhieb, dass es nun an der Zeit war, um eine Begegnung mit meinem Vater zu bitten. Und schon tauchte er auf; er stand einfach da, mit meinem Hund Pip, der auch schon vor Jahren gestorben ist. Die beiden standen vor dem Gemeindezentrum, das sich in unmittelbarer Nähe unseres Hauses befindet, aber irgendwie anders aussah. Also da war er endlich, mein Dad. Er kam mir aber nicht wie eine Projektion oder wie ein Teil meines Klartraums vor, sondern vielmehr wie mein Vater zu seinen Lebzeiten, wie ein Mensch aus Fleisch und Blut. Als ich ihn sah, fielen wir uns in die Arme, und die Berührung fühlte sich vollkommen real an!

Als Erstes sagte ich: »Dad, du siehst genauso aus wie früher!« Der Klartraum war rundum stabil, und während wir gemeinsam die Straße entlanggingen, unterhielten wir uns über das Leben und ich fragte: »Weißt du eigentlich, wie es uns all die Jahre ergangen ist? Kannst du uns von dort aus, wo du bist, sehen?« »Ja, das kann ich; ich bekomme genau mit, was vor sich geht, Millie, und ich bin sehr stolz auf euch«, erwiderte er lächelnd.

Ich wagte nicht, ihn zu fragen, was er von meiner Zeit als Poledancer hielt! Vermutlich einer der Hauptgründe, warum ich unbedingt Verbindung zu ihm aufnehmen wollte. Als ich erstmals leicht bekleidet meine akrobatischen Figuren an der Tanzstange machte, war immer der Gedanke »Was würde mein Vater dazu sagen?« in meinem Hinterkopf. Vielleicht suchte ich tief in meinem Innern sein Einverständnis, darum ging es vermutlich bei dieser Begegnung im Traum. Es machte ihm nichts aus – er wusste es und war trotzdem stolz auf mich.

Dann führte er mich zu einem Haus, in dem er jetzt lebte, wie er mir erklärte. Ein Reihenhaus in der Nähe des Hauses, das wir im realen Leben bewohnen. Wir gingen hinein und betraten den Garten, wo er den Tisch für uns gedeckt hatte. Er aß immer gerne im Freien. Er hatte eine Paella für uns zubereitet – sein Lieblingsgericht.

Der Klartraum war immer noch so stabil, dass wir draußen sitzen, essen und uns über das Leben unterhalten konnten, doch plötzlich trübte er sich ein, das Licht veränderte sich und ich wusste, dass er sich dem Ende näherte. Ich spürte, wie ich mit aller Macht in die Realität zurückgezogen wurde, deshalb rief ich: »Leb wohl, Dad!«, bevor mich der Sog erfasste, aus dem Traum katapultierte und ich in meinem Bett aufwachte.

Millies Leben nach dem Traum: Wenn ich heute darüber nachdenke, muss ich sagen, es war fantastisch, meinen Vater noch einmal wiederzusehen; ich bin sicher, dass die Begegnung mit ihm im Klartraum eine Möglichkeit darstellte, seinen Segen für das Leben zu erhalten, für das ich mich damals entschieden hatte. Ich weiß, dass es sich um eine Lebensweise handelt, die sich kein Vater wirklich für seine Tochter wünscht, doch im Traum machte er den Eindruck, als würde er sie akzeptieren, ohne ein Werturteil zu fällen. Er liebte mich trotzdem, ohne Wenn und Aber.

Wie auch immer, das Poledancing führte schließlich dazu, dass ich Fotografin wurde, was am Ende das Beste war, was mir passieren konnte. Dennoch war es schön, dass er mich nicht verurteilte, und ich weiß, dass er mich liebt, egal, welchen Weg ich auch einschlagen werde.

Millies Traum ist nicht nur ein anrührendes Beispiel für die Interaktion mit dem einen Prozent der anders gearteten Trauminhalte, sondern auch für den Erfolg einer Klartraumtherapie, die ihr ermöglichte, Selbstzweifel und Selbstkritik loszulassen und Frieden mit sich selbst zu schließen.

Sich mit dem Traum anfreunden

Wie im ersten Kapitel erwähnt, ist es wichtig, dass wir uns mit unseren luziden Träumen vertraut machen. Es geht nicht darum, das Unterbewusstsein zu manipulieren oder die Träume unserer Kontrolle zu unterwerfen, sondern unserem inneren Träumer die Hand entgegenzustrecken, ihm unsere Freundschaft anzubieten. Der Löwenanteil unseres Potenzials ist auf der Ebene des Unbewussten gespeichert, wenn wir uns also mit dem Unbewussten vertraut machen, gewinnen wir nicht nur einen direkten Zugang zu einer noch weitgehend unangetasteten kreativen Kraftquelle, sondern auch einen starken Verbündeten, dem unser Wohl am Herzen liegt.

C.G. Jung war überzeugt, das Unbewusste könne »als lebendige göttliche Präsenz, als ständiger Begleiter«[85] erfahrbar werden und der Gipfel der psychischen Vervollkommnung bestünde darin, zu lernen, wie man den Kontakt zum Unbewussten herstellt, den Inhalt des Unbewussten wahrnimmt und sich mit dem Unbewussten anfreundet. Und wie geht das? Da gab es für Jung keinen Zweifel: durch die Erforschung unserer Träume.

Wenn Sie sich mit dieser Motivation an die Traumarbeit begeben, schicken Sie jedes Mal, wenn Sie einen Traum notieren, jedes Mal, wenn Ihnen im Traum bewusst wird, dass Sie träumen, und jedes Mal, wenn Sie *versuchen,* im Traum den luziden Zustand zu erreichen, eine nachhaltige, unmissverständliche Botschaft an Ihr Unterbewusstsein, die besagt: »Ich möchte dich kennenlernen. Es interessiert mich, was du mir zu sagen hast. Ich möchte, dass wir Freunde werden.«

Es ist kein Zufall, dass sich Menschen kreativer, lebenstüchtiger und vollständiger fühlen, wenn sie beginnen, mit ihren Träumen zu arbeiten. Das sind Nebenwirkungen der Freundschaft mit dem psychischen Energiezentrum, das »wir« mit unserem Geist teilen.

Diese freundschaftliche Beziehung zu unseren nächtlichen Träumen kann erweitert werden und die »geteilten« Träume des Wachlebens einbeziehen. Wenn wir uns öffnen und unsere Neugier und unsere positive Einstellung gegenüber diesen Wachträumen bewahren, werden wir feststellen, dass sie genauso reagieren wie unser Unterbewusstsein: Sie werden lebendiger, einsichtsvoller und luzider.

Luzidität im großen Traum des Lebens

Eines der Konzepte, die ich in meinem Buch *Dreams of Awakening* eingehender erforsche, ist das des »luziden Lebens«, der Bewusstheit im großen Traum – im geteilten Traum des Wachlebens. In einem Praxishandbuch für Einsteiger muss ich darauf verzichten, mich zu sehr in dieses Thema zu vertiefen, doch es ist ein wichtiger Punkt, der am Ende des Buches zumindest erwähnt werden soll.

Was hat es mit dem luziden Leben auf sich? Mit der Entwicklung einer stabilen Klartraumpraxis kristallisiert sich eine neue Gewohnheit heraus: das Bestreben, Erkenntnis zu gewinnen und Trugbilder oder Illusionen zu durchschauen, die uns Aufschluss über unsere Projektionen geben, nicht nur im Traum, sondern auch im Wachzustand. Auf diese Weise beginnen wir, eine luzide Lebensweise zu entwickeln, denn unsere psychischen Projektionen werden uns im gleichen Maß bewusst wie unsere Träume.

Carl Gustav Jung war überzeugt, dass die Ursache unserer Probleme mehrheitlich auf Unkenntnis oder mangelnder Aufmerksamkeit gegenüber den eigenen psychischen Projektionen beruht. Projektionen werden oft als Abwehrmechanismen beschrieben, die durch unbewusste Übertragung und Verlagerung unerwünschter Eigenschaften und innerpsychischer Konflikte auf andere entstehen. Aber wie? Wenn wir nicht wissen, dass wir Merkmale, die wir bei uns selber verdammen, auf andere projizieren, schaffen wir unnötigerweise Leid für alle Beteiligten.

Wenn wir nicht erkennen, dass andere ihre Projektionen auf uns übertragen, sind wir bemüht, es allen recht zu machen, zu unserem eigenen Schaden. Wäre es da nicht erstrebenswert, zu lernen, wie man Projektionen erkennt und sie als das wahrnimmt, was sie sind? Eine solche Methode gibt es bereits: die Praxis des Klarträumens, und Ihr Lernprozess hat bereits begonnen.

Der verstorbene tibetische Lama Traleg Rinpoche hat einmal gesagt: »Zu erkennen, dass man träumt, während man träumt, ist ein großer Schritt vorwärts in unseren Übungen, denn wir können dieselbe Technik auch in unserem Alltagsleben anwenden. Das ist die wichtigste Anleitung für Traumyoga-Praktizierende: Wir lernen, den Geist auf diese Weise neu zu konditionieren. Wenn uns das durch die Traumyoga-Übungen gelingt, werden wir ermutigt, spontaner zu sein … kreativer, positiver.«[86]

Als ich sechzehn war, interessierten mich die Techniken des Klarträumens nicht etwa, weil ich achtsamer werden wollte, sondern weil ich mir viel Spaß davon versprach. Doch nachdem ich mich einige Jahre auf dem Spielplatz meines Geistes ausgetobt hatte, begann ich, die Welt mit anderen Augen zu betrachten. Ich konnte meine Klarträume nicht vergessen, und obwohl ich sie vor allem für Erfahrungen wie Sex und Skateboarden genutzt hatte, erkannte ich nach und nach, dass ich mich mit dem Skateboard durch eine Traumlandschaft bewegte und damit im Schlaf Zugang zu meinem Bewusstsein hatte, zu seinem tiefsten innersten Kern.

Ich überlegte, was wäre, wenn ich auch Zugang zum tiefsten innersten Kern des Wachlebens finden könnte. Gab es eine Möglichkeit, die sich offenbarende Macht des Klartraumzustands in den Wachzustand zu übertragen? Fragen wie diese tauchten immer wieder auf. Sie hatten sich summiert, als ich mit neunzehn begann, mich für den Tibetischen Buddhismus und sein Konzept von der traumähnlichen Beschaffenheit der Realität zu interessieren.

Und so begann ein neues Kapitel meines Klartraumtrainings, das schließlich zu einem lebenslangen Projekt des spirituellen Erwachens führte, zu dem Bestreben, aus dem Kokon der Selbsttäuschung herauszutreten und einen Weg zu finden, über die einengenden, scheinbaren Grenzen des Lebens hinauszugelangen. Denn wenn wir lernen, in unseren Träumen hellwach und bewusst zu werden, beginnen wir auch, das reale Leben hellwach und bewusst wahrzunehmen.

Eine Frau, deren Übergang in ein luzides Leben ich direkt miterlebte, war Ester, eine Jazzsängerin aus Brasilien. Sie erzählte mir von einem Klartraum, der mich zu Tränen rührte und das Gefühl in mir weckte, dass er eine grundlegende Wandlung bewirkt und zu einer luziden Lebensebene mit höheren Schwingungen geführt hatte, die sie in ihrem tiefsten Innern beeinflusst zu haben schien.

Fallstudie: Todesangst und luzides Leben

Name: Ester, Brasilien
Alter: 31 Jahre

Esters Bericht: Ich hatte den Heiligen Geist, die Höhere Energie – wie immer man es nennen will – um Rat gebeten, welche Erfahrung ich in meinem nächsten Klartraum machen möchte. Ich bat um irgendeinen Hinweis, der mich auf meinem spirituellen Weg voranbringen könnte. Trotzdem hätte ich nie mit dem gerechnet, was daraufhin geschah.

Esters Traumprotokoll: In derselben Nacht träumte ich, dass ich starb, aber kurz bevor der Tod eintrat, wurde mir bewusst, dass ich träumte, sodass ich mich umgehend aufwecken oder den Traum ändern konnte. Ich wollte nicht sterben – obwohl ich wusste, dass es ein Traum war, fühlte er sich völlig real an und ich hatte Angst vor dem Tod. Drei Nächte lang kehrte der Traum wieder, jedes Mal sah ich dem Tod ins Gesicht und jedes Mal änderte ich ihn, als mir bewusst wurde, dass ich träumte.

Eines Abends, als ich gerade meditierte, wurde mir etwas klar: Der Heilige Geist wollte, dass ich in einem luziden Traum starb, denn ich hatte ihn um eine Eingebung gebeten, die mir auf meinem spirituellen Weg weiterhalf. Bevor ich an diesem Abend einschlief, schickte ich dem Universum die Botschaft, dass ich für die Erfahrung bereit sei.

In dieser Nacht geschah es. Ich träumte, dass ich mit einem Mann in Auto saß, der mir nach dem Leben trachtete. Wir stiegen aus, und er brachte mich um. Doch als ich im Sterben lag, merkte ich, dass ich ihm trotzdem Liebe entgegenbringen konnte, und sah mit einem Mal, wie ein atemberaubendes, wunderbares Licht auf mich zukam. Es war heller als die Sonne, und plötzlich verschwand mein Körper in diesem Licht, und mir wurde klar, dass dieses Licht alles war, was jemals existiert hatte. Das Licht war allgegenwärtig.

Ich wurde zu Licht und spürte, wie ich mich ständig ausdehnte. Das Licht war unendlich. Ich hatte keine Gedanken, Gefühle oder Sinnesempfindungen; ich war kein Körper mehr. Es gab keine Trennung, keine Bedürfnis, etwas anderes zu sein, kein Bedürfnis nach geistigen Aktivitäten, kein Bedürfnis nach Zeit oder Wahrnehmung.

Das Licht war alles, was jemals existiert hatte, und gleichzeitig war es nichts. Dieses Licht war ewig, dehnte sich ständig aus auf friedvolle Weise. Alles war Licht, und auch ich war Licht geworden. Ich habe keine Ahnung, wie lange dieser Zustand währte. Dann schien plötzlich der Hauch einer Vorstellung von einer Parallelwelt aufzutauchen, die sich aus diesem Licht herauskristallisierte wie bei einem Videospiel, das gerade neu gestartet wird. Im Handumdrehen wurde ich wach in meinem Bett, doch das Licht hatte mich begleitet, füllte den Raum.

Esters Leben seit dem Traum: Seit dem Traum fliege ich! Nun weiß ich, dass es nichts gibt, was außerhalb von Gott existiert. Wir sind göttliche Energie! Wir sind untrennbar miteinander verbunden, sind eins. Es lässt sich schwer in Worten ausdrücken, aber ich habe jetzt das Gefühl, dass dieses Leben und die Erfahrung unseres gegenwärtigen Körpers ein Traum ist. Wir bleiben für immer und ewig ein Teil des Lichts. Wir haben unsere wahre Heimat nie verlassen. Wir sind immer geborgen.

Seit diesem Traum, seit ich die Wahrheit kenne, fällt es mir leicht, Dinge zu verzeihen, die mein Leben früher beeinträchtigt haben. Ich lebe heute wie in einem luziden Traum. Es fällt mir leicht, mit dem Universum zu kommunizieren, mich wieder der Natur zuzuwenden. Die Liebe ist nach wie vor fest in mir verankert.

Jeder Augenblick meines Lebens gleicht nun einem luziden Traum. Ich sehe, dass wir im Traum gemeinsam erwachen. Klarträumen hat mein Bewusstsein erweitert und ich bin froh, dass diese Praxis Eingang in mein Leben gefunden hat. Der Besuch Ihres Workshops hat eine Tür geöffnet. Ich habe begonnen, mich auch in meinem Alltag luzide zu fühlen und das Leben als eine energetische Form zu betrachten, genau wie in meinen Träumen.

Wenn ich mir heute die Menschen in meiner Umgebung anschaue, frage ich mich, wie mir etwas so Schönes jemals so begrenzt erscheinen konnte. Klarträumen hat meinen Geist auch im Wachzustand erweitert, ihn auf eine höhere Bewusstseinsebene gebracht. Das ist ein unfassbares Glück.

Ester erlebte einen lebensverändernden luziden Traum, der zeigt, wie tiefgreifend unser Klartraumtraining sein kann, und dass der Ausdruck »nur ein Traum« nicht mehr zutrifft, wenn wir gelernt haben, uns mit dem göttlichen Potenzial zu verbinden, das sich in Klarträumen offenbart.

Luzides Leben bedeutet nicht, dass wir den Bezug zur Realität verlieren und glauben, das Leben spiele keine Rolle, weil ohnehin alles ein Traum ist. Ganz im Gegenteil, es bedeutet, dass wir uns wieder voll auf die gemeinsame, traumähnliche Erfahrung der Wachwelt einlassen und beginnen, jeden anderen Menschen, jedes Lebewesen und jedes Objekt so zu behandeln wie in unseren luziden Träumen, mit Akzeptanz, Großherzigkeit und Güte.

Es gibt einen Mann, der das Konzept des luziden Lebens eingehender erforscht hat als jeder andere, er hat sogar ein Buch darüber geschrieben. Tim Freke ist Autor von mehr als dreißig Werken über gnostische Philosophie, Weltreligionen und Wege zu mehr Achtsamkeit im Alltag und er praktiziert, was er predigt.

TIPPS VON PROFIS: LUZIDES LEBEN

Auf das Paradoxe der eigenen Identität achten

In unseren luziden Träumen scheinen wir eine der Traumfiguren zu sein, aber gleichzeitig ist uns bewusst, dass wir die Träumenden sind; wir wissen, dass wir das Bewusstsein sind, in dem der Traum entsteht.

Luzides Leben ist ähnlich beschaffen, findet aber im Wachzustand statt. Wenn Sie bestrebt sind, ein luzides Leben zu führen, sollten Sie wissen, dass Sie eine äußere Persönlichkeit besitzen, die Sie in der Wachwelt zu verkörpern scheinen, und eine tiefer verankerte Identität, ein inneres Ich-Bewusstsein, in dem Ihre gesamten Erfahrungen entstehen.

Werden Sie Ich-Augenzeuge

Um sich mit Ihrer tiefer verankerten Identität vertraut zu machen, richten Sie die Aufmerksamkeit von Ihren Gefühlen und Gedanken auf das »Ich-Bewusstsein«, das eine Situation als einer der Traumcharaktere und als Augenzeuge zugleich erlebt. Das kann sich als schwierig erweisen, weil dieser »Ich-Augenzeuge« keine festgefügte Struktur besitzt. Er hat weder Form noch Farbe. Er gibt kein Geräusch von sich. Der »Ich-Augenzeuge« ist kein Objekt in Ihrer Traumerfahrung, sondern das Subjekt. Man kann ihn nicht sehen, weil er der Teil unseres Bewusstseins ist, der sieht. Man kann ihn nicht hören, weil er der Teil unseres Bewusstseins ist, der hört. Bewusstsein ist kein *Objekt* innerhalb der Traumerfahrung, sondern das *Subjekt,* das alle Erfahrungen macht, von denen Sie träumen.

Wenn Sie ein luzides Leben anstreben, sollten Sie sich mit der formlosen Präsenz des Bewusstseins vertraut machen, das Augenzeuge all dessen ist, was Sie in ebendiesem Augenblick erleben.

Erkennen Sie das Getrenntsein von und Einssein mit allem, was ist

Im Traum scheint jeder Mensch ein Individuum, ein Einzelwesen unter anderen Einzelwesen zu sein. Doch in luziden Träumen erkennen wir, dass all diese Einzelwesen Manifestationen unserer tiefer verankerten Identität als Träumende darstellen. Aus dieser Perspektive sind wir eins mit allem, was in unseren Träumen erscheint.

Wenn Sie ein luzides Leben anstreben, sollten Sie sich auch im Wachzustand bewusst machen, dass Sie sowohl getrennt von als auch eins sind mit anderen Menschen und der Welt. In Ihrem geträumten Leben scheinen Sie ein Einzelwesen zu

sein, doch als Ich-Bewusstsein sind Sie eins mit allem, was sich in Ihrem »Lebens-Traum« manifestiert.
Viele glauben, dass dieses Gefühl des Getrenntseins schwindet, sobald wir das Einssein mit allem erkennen, doch das ist nicht der Fall. Wie im Klartraum führen Einssein und Getrenntsein eine friedliche Koexistenz. Lassen Sie die widersprüchliche Möglichkeit zu, das Getrenntsein und Einssein zu erfahren, und warten Sie ab, was passiert.

Schluss

Da dieses Buch für Einsteiger gedacht ist, sind viele weiterführende Themen in Zusammenhang mit Klarträumen – beispielsweise in Bezug auf den spirituellen Weg, die Beschaffenheit der Realität und außerkörperliche Erfahrungen – unerwähnt geblieben, doch wenn Sie mehr darüber erfahren möchten, empfehle ich Ihnen mein erstes Buch, *Dreams of Awakening,* das eine umfassendere und tiefer gehende Reise in luzide Träume auf dem spirituellen Weg bietet.

Mit diesem Praxishandbuch für Einsteiger verfügen Sie jedoch über eine fundierte Grundlage für Ihr Klartraumtraining und eine gut gefüllte Toolbox, die alle Techniken enthält, die Sie brauchen, um klar zu träumen.

Wir verbringen ein Drittel unseres Lebens schlafend und zwei Drittel wach. Spielt Klarträumen überhaupt eine große Rolle, zumal es sich nicht unmittelbar auf den Wachzustand auswirkt? Fakt ist, dass Klarträume sehr wohl Einfluss auf das Wachleben haben, sie können dazu beitragen, es zum Besseren zu *verändern.* Denken Sie an die Fallstudien in diesem Buch, an den grundlegenden Wandel, der darin beschrieben wurde: Die Personen, die ihre Geschichte schilderten, überwanden dank eines Klartraums die Nikotinsucht, schlugen eine neue berufliche Laufbahn ein, umarmten den Schatten, gewannen durch Aktivierung ihrer Selbstheilungskräfte den Kampf gegen eine schwere Nierenerkrankung, lernten Selbstakzeptanz ohne Werturteil und erlebten einen spirituellen Durchbruch.

Das charakteristische Merkmal in jedem einzelnen Fall war nicht etwa eine besondere Gabe, die zum Klarträumen befähigt, sondern die Aufgeschlossenheit der Betreffenden gegenüber der Möglichkeit, dass Träume wirkungsvoller sein können, als man es sich gemeinhin vorstellt. Sie waren bereit, »über den Brunnenrand hinauszublicken« – wie der Frosch aus der ersten Toolbox.

Grundlegend könnte man den Klartraumzustand als eine Art Labor für die Selbstentwicklung betrachten, in dem wir Möglichkeiten erproben, auch den gemeinsamen Traum des Wachlebens luzider und achtsamer zu gestalten. Was Sie in Ihren Klarträumen erleben, kann entscheidende psychische Veränderungen auslösen, die Ihr Wachleben merklich beeinflussen.

Während ich dieses Buch schrieb, hatte ich das Privileg, mit Leuten zusammenzuarbeiten, die luzide Träume nutzen, um die Grenzen der Heilung und psychischen Entwicklung stetig zu erweitern. Ein junger Mann, der Stimmen im Kopf hörte, traf sich in seinen Klarträumen mit Personifikationen dieser Stimmen, integrierte sie und freundete sich mit ihnen an. Das führte dazu, dass sie deutlich seltener auftauchten und weniger negativ klangen. Ein anderer junger Mann, der an einer Krebserkrankung im Endstadium litt, bereitete sich mithilfe des Klartraumtrainings auf seinen bevorstehenden Tod vor. Einer meiner Freunde, der querschnittsgelähmt ist und weder Arme noch Beine bewegen kann, geht in seinen luziden Träumen allen Aktivitäten nach, die sein Körper nicht mehr auszuführen vermag: Laufen, Schwimmen und Mountainbiken. Und ein Exsoldat, der an einem meiner Retreats teilnahm, erklärte, er habe während des viertägigen Klartraum-Workshops mehr psychisches Gepäck integriert als im Verlauf seiner jahrelangen Psychotherapie. Doch damit haben wir gerade mal an der Oberfläche der Möglichkeiten gekratzt, die sich durch Klarträume eröffnen.

In meinen Workshops weise ich stets darauf hin, dass man die größten Vorteile des Klarträumens nicht während der Traumzeit, sondern während der Tageszeit erzielt, da die Psyche Veränderungen, die wir im Klartraumzustand vornehmen, auch in unser Wachbewusstsein einbringt. Jedes Mal, wenn Sie im Klartraum fliegen, legen Sie den Grundstein für eine neue mentale Gewohnheit, die Sie befähigt, auch im Wachzustand Grenzen zu überwinden. Jedes Mal, wenn Sie im Klartraum durch eine Wand gehen, verankern Sie eine umwälzende neue Handlungsoption in Ihrer Psyche, die Sie darauf hinweist, dass nicht jedes Hindernis so unüberwindlich ist, wie es scheint. Jedes Mal, wenn Sie die Schattenanteile Ihrer Persönlichkeit und Ihre inneren Dämonen im Klartraum integrieren und umarmen, schaffen Sie neue Perspektiven, die es Ihnen erleichtern, sich den »Dämonen« des Selbstzweifels und der Angst in Ihrem Alltag zu stellen.

Darüber hinaus tragen luzide Träume dazu bei, dass Sie sich besser kennenlernen, und wenn Sie sich besser kennen, haben Sie es einfacher, ein Mensch zu werden, der sich durch Großherzigkeit und Güte auszeichnet. Wenn Sie sich mit Ihrer eigenen Psyche vertraut machen, haben Sie außerdem auch einen besseren Einblick in die Psyche anderer und sind besser gerüstet, auch ihnen zu helfen.

Sie werden bald feststellen, dass wir Menschen die Reise durchs Leben gemeinsam antreten – als Träumer im gleichen Traum – und dass wir uns alle bemühen, das Beste daraus zu machen, wie unzulänglich es auch immer sein mag. Deshalb sollten wir Freundschaft mit den anderen Traumcharakteren schließen und uns mit dem Großen Träumer vertraut machen: mit dem kosmischen Bewusstsein, dem Schöpfer dieses gemeinsamen Traums.

Ich hoffe, dass dieses Buch, das nur ansatzweise auf das umfangreiche und wichtige Thema luzide Träume eingehen konnte, auch Sie motiviert hat, über den »Brunnenrand hinauszublicken« und sich bewusst zu machen, wie wirkmächtig das Klartraumbewusstsein sein kann.

Deshalb halten Sie fest an Ihren Träumen, nähern Sie sich furchtlos der unermesslichen Tiefe des Ozeans, in dem Wissen, dass es an der Zeit ist, den Brunnen zu verlassen und die Grenzenlosigkeit Ihres eigenen Potenzials zu erkennen. Folgen Sie Ihren Träumen, Sie kennen den Weg …

Anhang

Dank

Da dieses Buch kurz nach *Dreams of Awakening* erschien, hatte ich angenommen, dass sich meine Danksagung auf weniger Personen beschränken würde, doch das Gegenteil ist der Fall!

Als Erstes möchte ich mich bei allen bedanken, die einen Beitrag geleistet haben: Rob Nairn, Robert Waggoner, Daniel Love, Ryan Hurd, Clare Johnson, Luigi Sciambarella, Tim Freke, Keith Hearne, Lama Yeshe Rinpoche, Sergio Magaňa, Nigel Hamilton, John Lockley und Stanley Krippner.

Obwohl viele Personen an der Entstehung des Buches beteiligt waren, übernehme ich die volle Verantwortung für Fehler oder Ungenauigkeiten und entschuldige mich dafür.

Danken möchte ich auch denen, die freundlicherweise Teile der verschiedenen Entwürfe gelesen, Änderungen vorgeschlagen und gute Ratschläge erteilt haben, einschließlich Robert Waggoner (vielen Dank für die Empfehlungen), Rob Nairn, Albert Buhr, Melanie Schädlich, Daniel Love, Violet Lim und Nick Begley.

Mein besonderer Dank gilt den Personen, die in den Fallstudien beschrieben wurden – Antonio, Nina, Kerri, Bruno, Millie und Ester – und die so aufgeschlossen und mutig waren, ihre Erfahrungen mit mir zu teilen.

Ein weiteres Dankeschön geht an Debra Wolter für das unermüdliche Redigieren des Textes, sowie an Michelle, Amy, Jo, Ruth, Jessica, Duncan, Tom, Julie und den Rest des brillanten Teams von Hay House für die harte Arbeit im besten Verlag, den man sich nur vorstellen kann.

Danken möchte ich außerdem:

Meinen Lehrern Lama Yeshe Rinpoche, Rob Nairn, dem verstorbenen Akong Rinpoche, Sogyal Rinpoche, dem verstorbenen Mervyn Minallo-Jones und Lama Zangmo für ihre Großherzigkeit und Geduld mit mir.

Dem Samye Dzong Buddhist Centre in London, der spirituellen Gemeinschaft, in der ich während der letzten vier Jahre gelebt habe, und all jenen, die diesen »weniger begangenen Weg« gewählt haben.

Der Mindfulness Association für die fortwährende Unterstützung, Ya'Acov Darling Khan für die Orientierungshilfen, *Gateways of the Mind*, Sergio Magaña für die Weltreise, Albert Buhr für die Massagen, der THROWDOWN-Gemeinschaft, an die ich jeden Tag denke, und allen meinen lieben Freunden.

Ein riesiges Dankeschön geht an meine Mum, meinen Dad und an meinen Bruder mit seiner Familie, die mich immer unterstützt haben. Und an meine Verlobte Jade, die mit ihrer nordischen Art für meine Bodenhaftung sorgt.

Danken möchte ich auch allen Personen rund um den Globus, denen ich meine Klartraumtechniken beibringen durfte, und meinen Lesern, die dieses Buch in den Händen halten. Ich wünsche Ihnen ein vollbewusstes, erfülltes Wach- und Traumleben!

Anmerkungen

1. www.bbc.co.uk./news/health-11741350
2. www.ncbi.nlm.nih.gov/pmc/articles/PMC2737577/
3. Max-Planck-Gesellschaft (27. Juli 2012), Klarträumer helfen Wissenschaftlern, den Sitz des Meta-Bewusstseins im Gehirn zu lokalisieren.
4. DeYoung, C.G., J.B. Hirsh, M.S. Shane, X. Papademetris, N. Rajeevan und J.R. Gray, »Testing predictions from personality neuroscience« (Juni 2010), in *Psychological Science* 21(6), S. 820–828. DOI: 10.1177/09567610370159. PMC 3049165.
5. www.ncbi.nlm.nih.gov/pmc/articles/PMC3707083/
6. Die Aktivität im dorsolateralen präfrontalen Kortex kommt während des REM-Schlafs völlig zum Erliegen.
7. Nairn, Rob, Tara Ropka Centre, Christmas Retreat 2013.
8. LaBerge, S.: »Lucid dreaming: Evidence and methodology« (2000), in *Behavioral and Brain Science* 23 (6), S. 962–3. DOI: 10.1017/SO140525X00574020
9. www.nih.gov/news/health/oct2013/ninds-17.htm
10. www.dreamstudies.org/2009/09/18/lucid-dreaming-hybrid-gamma-biurnal-beats/
11. Eigentlich sollte ich diese Information aktualisieren, weil ich Anfang 2014 drei zusammenhängende Klarträume hatte, in denen ich mithilfe des buddhistischen Mantras des Medizinbuddhas gezielt Heilenergie an meine Augen schickte. Als ich dieses Buch schrieb, benötigte ich keine Brille mehr, weil sich meine Sehschärfe dramatisch verbessert hatte.
12. www.livescience.com/6521-video-gamers-control-dreams-study-suggests.html
13. In *Horizon,* einer 2012 gesendeten BBC-Dokumentation mit dem Titel »How Big is the Unconscious Mind?«, erklärten einige Wissenschaftler, die Quote läge eher bei 95 zu 5 Prozent zugunsten des Unbewussten.

14. Lama Surya, *Das Dream Yoga,* Sounds True Audiocassette
15. Stevens, Anthony, *Das Phänomen C.G. Jung,* Patmos Verlag, Ostfildern 1993
16. www.sciencedaily.com/releases/2007/06/070614085118.htm
17. Tholey, P., 1990
18. Erlacher, D. und M. Schredl, »Cardiovascular Responses to Dreamed Physical Exercise During REM Lucid Dreaming«, 2008
19. Behnke, L., »Mental Skills Training for Sports: A Brief Review«, Athletic Insight: The Online Journal of Sports Psychology, März 2004
20. www.telegraph.co.uk/news/worldnews/northamerica/usa/1363146/Thinking-about-exercise-can-beef-up-biceps.html
21. Tholey, P., 1981
22. Tholey, P., 1990
23. Erlacher, D., T. Stumbrys, Universität Heidelberg (Deutschland); Universität Bern (Schweiz); und Schredl, M., Institut für seelische Gesundheit, Mannheim (Deutschland), »Frequency of lucid dreams and lucid dream practice in German athletes, imagination, cognitions and personality«, Bd. 31 (3), S. 237–246, 2011–2012
24. *New Scientist,* 21. Dezember, 282013, Ausgabe GB
25. Katz, Michael, *Tibetan Dream Yoga,* Bodhi Tree 2011, S. 31
26. Schlafforscher sprechen von fünf Schlafphasen, doch 2007 beschloss die American Academy of Sleep Medicine, Stadium III und IV zusammenzufassen, so dass man nun von vier Phasen spricht.
27. Nairn, Rob, Tara Rokpa Centre, Christmas Retreat 2013
28. Devereux, Paul und Charla, *Lucid Dreaming: Accessing Your Inner Virtual Realities,* Daily Grail Publishing 2011, S. 13
29. Taylor, Jill Bolte, PhD, *Mit einem Schlag,* Knaur Verlag, München 2010
30. Goswami, Amit, Gespräch mit dem Autor, 2008
31. Devereux, Paul und Charla, *Lucid Dreaming: Accessing Your Inner Virtual Realities,* Daily Grail Publishing 2011, S. 115
32. Love, Daniel, *Are You Dreaming?,* Enchanted Loom Publishing 2013, S. 2

33. Richo, David, *Shadow Dance, Liberating the Power and the Creativity of Your Dark Side,* Shambhala 1999, S. 14
34. Cicchetti, J., »Archetypes and the Collective Unconscious«, http://www.hahnemanninstituut.nl/admin/uploads/pdf/Archetypes.pdf
35. Ebenda.
36. Jung benutzte nicht den Ausdruck »Höheres Selbst«, sondern »das Selbst«, um zwischen dem Ich des Alltagsgebrauchs (das sich auf das Ego oder die Persona bezieht) und dem Konzept des Selbst zu unterscheiden, das über das Ego hinausgeht und die perfekte psychische Ganzheit repräsentiert. Nach meiner Erfahrung wird das jedoch leicht vergessen und deshalb verwende ich den Begriff »Höheres Selbst«, wenn von »dem Selbst« die Rede ist.
37. psychology.about.com/od/personalitydevelopment/tp/archetypes.htm
38. Devereux, Paul und Charla, *Lucid Dreaming: Accessing Your Inner Virtual Realities,* Daily Grail Publishing 2011, S. 105
39. Stevens, Anthony, *C.G.Jung: Eine sehr kurze Einführung,* Huber Verlag, Bern 2015
40. Devereux, Paul und Charla, *Lucid Dreaming: Accessing Your Inner Virtual Realities,* Daily Grail Publishing 2011, S. 92
41. C.G. Jung, *Archetyp und Unbewusstes,* Bechtermünz Verlag, Eltville 2000
42. Zadra, A.L., und R.O.Phihl, »Lucid Dreaming as a treatment for recurrent nightmares«, www.ncbi.nlm.nih.gov/pubmed/8996716
43. www.ncbi.nlm.nih.gov/pubmed/8996716
44. Lucid dream treatment fir nightmares: a pilot study, Spoormaker Vl1, van den Bout, J., 2006 http://www.ncbi.nlm.nih.gov/pubmed/1053341
45. European Science Foundation, »New Links Between Lucid Dreaming And Psychosis could Revive Dream Therapy in Psychiatry«, in *Science Daily,* 29. Juli 2009, www.sciencedaily.com/releases/2009/07/090 728184831.htm
46. Devereux, Paul und Charla, *Lucid Dreaming: Accessing Your Inner Virtual Realities,* Daily Grail Publishing 2011, S. 18

47. Katz, Michael, *Tibetan Dream Yoga,* Bodhi Tree 2011, S. 67; Kommentar zu Gyaltrul Rinpoches Werk *Ancient Wisdom,* Snow Lion Publications 1993, S. 80
48. www.lucidity.com/luciddreamingFAQ2.html
49. Wallace, B. Alan, *Dreaming Yourself Awake: Lucid Dreaming and Tibetan Dream Yoga for Insight and Transformation,* Shambhala Publications 2012, S. 30
50. www.lucidity.com/NL63.RU.Naps.html
51. dreamstudies.org/history-of-lucid-dreaming-ancient-india-to-the-enlightment/
52. Devereux, Paul und Charla, *Lucid Dreaming: Accessing Your Inner Virtual Realities,* Daily Grail Publishing 2011, S. 25
53. Devereux, Paul und Charla, *Lucid Dreaming: Accessing Your Inner Virtual Realities,* Daily Grail Publishing 2011, S. 29
54. Devereux, Paul und Charla, *Lucid Dreaming: Accessing Your Inner Virtual Realities,* Daily Grail Publishing 2011, S. 30
55. Devereux, Paul und Charla, *Lucid Dreaming: Accessing Your Inner Virtual Realities,* Daily Grail Publishing 2011, S. 32
56. Devereux, Paul und Charla, *Lucid Dreaming: Accessing Your Inner Virtual Realities,* Daily Grail Publishing 2011, S. 33
57. dreamstudies.org/history-of-lucid-dreaming-in-ancient-india-to-the-enlightment/
58. Devereux, Paul und Charla, *Lucid Dreaming: Accessing Your Inner Virtual Realities,* Daily Grail Publishing 2011, S. 36
59. *New Scientist,* Ausgabe GB, Dezember 2013, S. 22
60. Wiseman, Richard, *Nightschool,* 2014, S. 22
61. Ebenda, S. 24
62. Devereux, Paul und Charla, *Lucid Dreaming: Accessing Your Inner Virtual Realities,* Daily Grail Publishing 2011, S. 71
63. Ebenda, S. 76
64. Rinpoche ist ein tibetischer Begriff und bedeutet »Kostbarer«; er wird als Anrede für hochgeschätzte tibetische Lehrer verwendet.
65. Bardo ist ein Begriff aus dem Sanskrit und bedeutet »Zwischenzustand«. Der Bardo-Zustand nach dem Tod kennzeichnet den Aufenthaltsort des Geistes zwischen diesem und dem nächsten Leben.

66. www.bbc.co.uk/religion/releigions/islam/subdivisions/sufism_1.shtml
67. Devereux, Paul und Charla, *Lucid Dreaming: Accessing Your Inner Virtual Realities,* Daily Grail Publishing 2011, S. 6.
68. Devereux, Paul und Charla, *Lucid Dreaming: Accessing Your Inner Virtual Realities,* Daily Grail Publishing 2011, S. 31
69. Devereux, Paul und Charla, *Lucid Dreaming: Accessing Your Inner Virtual Realities,* Daily Grail Publishing 2011, S. 32
70. www.islamicacademy.org/html/Dua/How_to_do_Istakhara.htm
71. Effects of pyridoxine on dreaming: a preliminary study. Ebben, M., A. Lequerica und A. Spielman, http://ncbi.nlm.nih.gov/pubmed/11883552
72. Ebenda.
73. Meine Mischung besteht aus sechzig Prozent rohem Hanfsamenpulver, zehn Prozent rohem Weizengraspulver, zehn Prozent Rohkakaopulver, zehn Prozent rotem Macapulver, zehn Prozent Spirulinapulver und einer kräftigen Prise Kurkuma; diese Kombination ist reich an B-Vitaminen, Aminosäuren, Magnesium und Zink und liefert dem Körper alles, was er braucht, um den luziden Zustand zu stabilisieren. Mit Wasser oder Saft gemischt ein hervorragendes Getränk am Morgen, um den ganzen Tag luzide zu bleiben, oder am Abend, um luzide Träume herbeizuführen.
74. www.medicalnewstoday.com/releases/163169.php
75. www.iofbonehealth.org/calcium-rich-foods
76. http://www.huffingtonpost.co.uk/marek-doyle/help-me-sleep-magnesium-secret-to-sleep-problems_b_3311795.html
77. www.telegraph.co.uk/health/elderhealth/9979776/Shakespeare-was-right-rosemary-oil-boosts-memory.html
78. Devereux, Paul und Charla, *Lucid Dreaming: Accessing Your Inner Virtual Realities,* Daily Grail Publishing 2011, S. 99
79. www.sciencedaily.com/releases/2008/09/080921162021.htm
80. www.cell.com/current-biology/retrieve/pii/SO960982213007549
81. www.science.time.com/2013/07/25/how-the-moon-messes-with-your-sleep

82. www.drdavidhamilton.com/think-yourself-well-scientific-evidence-for-the-power-of-visualisation/
83. Katz, Michael, *Tibetan Dream Yoga,* Bodhi Tree 2011, S. 31
84. 2012 gelang es einem Forscherteam der ATR Computational Neuroscience Laboratories in Kyoto, Japan, mithilfe von Neuroimaging-Verfahren das Gehirn von drei Versuchspersonen während des Schlafs zu scannen und Veränderungen der Aktivität aufzuzeichnen, die später dem Inhalt ihrer Träume zugeordnet werden konnten. Wenn wir von einem bestimmten Gegenstand träumen oder ihn visualisieren, erzeugt unser Gehirn ein einzigartiges neurales Muster. Durch akribisch genaue Kartierung dieser Muster für hunderte von Objekten konnten die Wissenschaftler die Traumbilder mit einer Genauigkeit von sechzig Prozent entschlüsseln. www.nature.com/news/scientists-read-dreams-1116255.
85. Stevens, Anthony, *C.G. Jung: Eine sehr kurze Einführung,* Hans Huber Verlag, Bern 2015
86. Traleg Rinpoche, *Dream Yoga,* DVD-Set, E-Vam Buddhist Institute